刑事诉讼理念与制度研究

XINGSHI SUSONG LINIAN
YU ZHIDU YANJIU

胡志斌 ◎著

中国法制出版社
CHINA LEGAL PUBLISHING HOUSE

目 录

第一章 刑事诉讼的基本理念

第二章　刑事诉讼基本制度研究

第三章　刑事诉讼程序制度若干问题研究

第五章 刑事诉讼相关司法制度的配套改革

第一章

刑事诉讼的基本理念

理念是柏拉图哲学思想的核心概念，它是指事物的原型或者是永恒形态。[①] 刑事诉讼理念也即刑事司法理念，是刑事司法制度设计和司法活动的理论基础和价值诉求，是立法、司法和法学研究应当秉持的一种基本观念和法治信仰。不论诉讼法学研究者，还是司法工作者，其研究行为或者司法行为都会受到理念的影响。思想是行动的指南，没有科学的思想或者先进的理念，就没有开拓和创新。作为司法工作者，要想跟上法治时代前进的步伐，就必须践行习近平法治思想，树立当代刑事司法理念，并用以指导其实践活动。当代司法理念究竟包括哪些内容，智者见智，仁者见仁。笔者在本书中主要论及“惩罚犯罪与保障人权同等重要”“实体公正与程序公正并重”以及“公正第一、效率第二”这三种基本理念。

第一节　惩罚犯罪与保障人权同等重要

一、惩罚犯罪与保障人权的关系

所谓的惩罚犯罪，是指侦查机关、控诉机关和审判机关依据事实和证据，对构成犯罪的被追诉人公正适用刑法，以抑制犯罪，实现刑罚目的。所谓的保障人权，是指在侦查、审查起诉、审判和执行等诉讼过程中，办

---

① 理念常译作“观念”“相”或者“客观理念”。参见《辞海》缩印本，上海辞书出版社1989年版，第1367页。

案机关和办案人员要依法保护所有的诉讼参与人的合法权益和诉讼权利，具体而言：（1）无罪的人不受追究；（2）有罪的人受到公正处罚；（3）诉讼参与人特别是犯罪嫌疑人、被告人的诉讼权利得到充分保障和行使；（4）保障被害人和其他受到犯罪影响的人的合法权益。

在刑事诉讼中，惩罚犯罪与保障人权是统一对立的关系。一方面，基于惩罚犯罪诉讼理念的要求，一旦有犯罪行为，侦查机关、公诉机关和审判机关都应该积极行动，惩罚、打击犯罪；另一方面，侦查机关、公诉机关和审判机关应当在打击犯罪的同时，对犯罪嫌疑人、被告人以及其他诉讼参与人的人身、财产等合法权益和诉讼权利给予保障，不得进行法外剥夺或者限制，特别是刑事诉讼强制措施的适用、收集证据的程序等直接关系人身权利的诉讼活动要严格依法进行。在具体的刑事诉讼程序和制度设计中，虽然在大多数情况下惩罚犯罪与保障人权能够同步得到实现，但也存在一些发生冲突与矛盾的情形，此时则需要根据利益权衡的原则作出选择。例如，对于采用非法方法获取的证据，由于非法取证侵犯了公民的基本权利，原则上需要予以排除，但有时非法证据本身又具有查明案件事实以惩罚犯罪的功能，因此，在一些情况下又需要有条件地予以采纳。刑事诉讼法的适用往往呈现出原则加各种例外的状态，以便在各种具体情形下更好地权衡惩罚犯罪与保障人权的两个方面理念。[①]

二、刑事诉讼中保障人权的研究

人权问题不是一个本体论问题，而是一个实体问题。它总是具体地与人的“生活世界”相连，因而人权只可能接受来自实践的批判。[②] 刑事诉

---

① 国家统一法律职业资格考试辅导用书编辑委员会：《刑事诉讼法》，法律出版社 2021 年版，第 8 页。

② 徐显明：《人权研究》，山东人民出版社 2010 年版，第 6 页。

讼活动是一种司法实践活动，是国家专门机关实现国家刑罚力的活动。刑事诉讼的结果往往涉及公民的人身自由、财产权益甚至生命等最基本权利的给予或剥夺。因此，保障人权既是我国刑事诉讼的重要方面和基本理念之一，也是刑事诉讼的直接目的。

诉讼活动作为权利救济性的程序性活动，其主要任务就是保障人权，实现司法为民的法治和政治任务。具体到保障人权的内容和形式，刑事诉讼中保障人权主要体现为诉讼权利的保障。就人权的主体而言，在诉讼活动中人权的主体是指诉讼活动中人权的享有者，不同诉讼活动，人权主体范围也不尽相同，对此，诉讼法学者在 20 世纪 90 年时代就开始探讨。在刑事诉讼中的人权涉及实体性权利和程序性权利。程序性权利是实体性权利在诉讼程序中的延伸，又具有相对独立性，其目的是维护实体性权利。而实体性权利在刑事程序中的实现，有赖于程序性权利的行使。基于实体性权利与程序性权利的关系，刑事诉讼中程序性权利的分配与运行，均应以刑事程序所涉及的诉讼参与人的实体性权利为基点。[①] 由于受一个国家的法律文化、经济状况、人权保障意识、犯罪状况以及司法人员的素质等因素的制约，一般说来，刑事诉讼法关于程序性权利的规定与刑事程序及其结果所涉及的实体性权利相适应的程度同人权保障的理想状态往往会有差距，这就要求我们法学界深入开展刑事诉讼人权保障理论研究，通过研究成果的创新为立法和司法关于人权保障制度的完善提供理论支撑。

（一）犯罪嫌疑人、被告人的人权保障

犯罪嫌疑人、被告人是指被指控实施了犯罪并处于诉讼程序中的当事人。从各国宪法、刑事诉讼法以及联合国有关法律文件来看，犯罪嫌疑人、

---

① 宋英辉：《刑事诉讼原理导读》，法律出版社 2003 年版，第 101 页。

被告人人权保障的基本内容包括：①任何人在未经判罪前均应假定其无罪。②不被强迫其作不利于自己的证言或者强迫其承认犯罪。③除非依照法律所确定的根据和程序，任何人不得被任意控告、逮捕或拘禁，其身体、住所、文件与财产亦不得受无理搜索和扣押；不应将等候审判的人受监禁作为一般原则，但可以规定其保证在司法程序的任何其他阶段均出席审判，任何因逮捕或拘禁被剥夺自由的人，有资格向法庭提起诉讼。④接受关于告发事件的性质与理由的通知的权利。⑤任何人受到刑事控告后，均有受到独立公正的陪审团或法院予以迅速地公正审判的权利。⑥自行辩护及随时获得律师帮助的权利。⑦准予与对方证人质证的权利；询问或业已询问对他不利的证人，应使该证人和对他有利的证人享有同等诉讼权利，出庭作证和履行相关义务实行无差别对待。⑧“一案不再理”，即被指控犯罪的人一旦经法院生效裁判认定无罪或者有罪后，除非有新的事实和证据，否则，不得再以同一罪名并以相同的理由被指控、被审判。⑨经判定犯罪者，有权申请上级法院依法复判其有罪判决及所科处的刑罚。⑩任何人受非法逮捕或拘禁，有权要求执行损害赔偿；被错误定罪而受到刑罚的人，除经证明有关证据之未能及时披露，应由其本人全部或局部负责者外，享有依法得到赔偿的权利；自由被剥夺之人，应受合于人道及尊重其天赋人格尊严之处遇。[①] 各国法律及联合国有关法律文件之所以重视刑事程序中对犯罪嫌疑人、被告人的人权保障，首先是出于犯罪嫌疑人、被告人的人权保障，实质上也是对所有社会成员基本权利提供的保障。因为任何人都有可能被怀疑犯罪或者受到刑事指控，而他实际上可能有罪，也可能是无罪的。所以，降低刑事程序中犯罪嫌疑人、被告人的人权保障，实际上就是降低了所有社会成员基本权利的保障。在社会成员的基本权利得不到有

---

① 参见 1948 年 12 月 10 日联合国大会通过的《世界人权宣言》和 1966 年 12 月 9 日的《联合国人权公约》。

效保障而随时可能受到他人或国家权力侵犯的情况下，建立社会的有序状态是不可能的，国家经济、政治等制度的长久稳定与社会的文明进步也是不可能的。其次是因为“在程序方面降低对被告的法律保护程度，其危害在于对一切被告的法律保护都会被削弱”①

在我国，2004年《宪法修正案》第24条增加规定：“国家尊重和保障人权。”刑事诉讼法对犯罪嫌疑人、被告人的人权保障也给予了充分关注。根据宪法关于公民的人身自由、住宅、财产、通信秘密等不受非法侵犯以及保障辩护权等规定，刑事诉讼法赋予了犯罪嫌疑人、被告人广泛的诉讼权利。此外，从刑事诉讼法的有关规定中，还可推论出犯罪嫌疑人、被告人享有不受非法搜查、取证、拘捕以及不必要羁押的权利，接受迅速、公正、公开审判的权利，要求死刑复核的权利等。根据权利的性质和作用不同，我们可以把犯罪嫌疑人、被告人在刑事诉讼中享有的以保障人权为中心的诉讼权利综述如下。

1. 防御性权利的保障措施

所谓防御性权利，是指犯罪嫌疑人、被告人为对抗追诉方的指控、抵消其控诉效果所享有的诉讼权利。② 防御性诉讼权利的理论基础是控辩平衡原理，在刑事诉讼中，控诉犯罪一方相当于攻击方，除了少数的自诉案件，一般刑事案件的控方是国家专门机关，其行使的是国家权力，如果不对应设计防御性程序制度，对攻击性的控诉权力加以适度抑制，犯罪嫌疑人、被告人人权保障将面临落空或被打折扣的危险。例如，办案机关，以刑讯或者其他非法手段获取证据，超期羁押或违反法律条件羁押等。司法实践中，诉讼侵权现象在每个诉讼阶段都有可能发生，但侦查阶段发生概率相对较高。在我国，办案人员一旦被发现存在侵犯诉讼参与人特别是犯

---

① ［英］彼得·斯坦、约翰·香德：《西方社会的法律价值》，王献平译，中国人民大学出版社1990年版，第102页。

② 刑事诉讼法学编写组：《刑事诉讼法学》（第三版），高等教育出版社2019年版，第64页。

罪嫌疑人、被告人诉讼权利或者人权时，一般由有关部门对行为人给予刑事追究或党纪、政纪处分或者提出纠正违法建议。这固然可以对其后的执法工作起到警诫作用，但这毕竟是事后采取的补救措施，犯罪嫌疑人、被告人人权被侵犯已是既成事实；况且在许多案件中，犯罪嫌疑人、被告人被羁押数月后，即使在提起诉讼或审判阶段控告侦查人员有诸如刑讯之类的侵权行为，也往往难以核实。可见，犯罪嫌疑人、被告人人权的保障重心应放在如何较为有效地防止此类侵犯人权现象的发生方面。为了保障犯罪嫌疑人、被告人避免遭受非法取证，应当设立防御性的程序，对可能发生诉讼侵权加以监督和抑制。

（1）犯罪嫌疑人、被告人获得律师帮助的权利。为防止控辩双方力量严重失衡而不利于犯罪嫌疑人、被告人人权保障，法律除赋予犯罪嫌疑人、被告人自行辩护权利外，应当准予其聘请律师在司法程序启动后及时进入辩护角色。具体而言，就是享有随时委托律师进行辩护和没有能力委托律师时获得免费律师援助的权利。获得律师帮助，其中较重要的是讯问时律师的在场权。为了防止追诉机关强迫受讯问人陈述，保证陈述的自愿性，许多国家规定了进行讯问时律师的在场权。譬如，在英国，如果犯罪嫌疑人要求会见律师，讯问应当推迟，直至律师到达。又如，在美国，联邦最高法院通过一系列判例确立了这样的规则：在警察讯问过程中，如果犯罪嫌疑人要求律师在场，讯问必须中止，直至有律师到场。其间，除非犯罪嫌疑人主动开口与警察交谈，否则，不得进行讯问。《意大利刑事诉讼法典》则将律师在场视为所获得的陈述有效的必要条件。该法典第350条规定，司法警察官员从被调查人那里获取有助于侦查工作的概要情况，应当在辩护人参与下进行，根据具体的地点和紧急情况，司法警察官员可以在辩护人未出席的情况下向被调查人了解有助于立即开展侦查工作的消息和情况；但是，由此而获得的消息和材料，禁止纳入档案并且禁止加以使用。另外，律师不在场时，司法警察官员可以听取被调查人的自动陈述，但是，所获得的有关材料除用弹劾被告人的证据外，不得在审判中使用。[①] 由此可见，在侦查阶段，犯罪嫌疑人获得律师帮助并能自由会见律师的权利不仅有利于保障其人权不受侵犯，而且也能有效地抑制侦查权的恶性膨胀。但是，鉴于不同国情背景和刑事诉讼构造模式，办案机关讯问犯罪嫌疑人、被告人时，律师在场并非适合所有国家，对此，本书第四章第二节将专门探讨。

（2）申请法院调查和保全证据的权利。按照我国律师法和刑事诉讼法的规定，辩护律师虽然有调查取证权，但是其身份决定了调查取证权的行使程度和实现程度低于专门机关办案人员。同为法律职业人，侦查人员、检察人员和审判人员行使的是“权力”，具有国家强制性，而律师行使的是“权利”，不具有国家强制性。如果辩护律师认为某单位或者个人掌握了对犯罪嫌疑人、被告人定罪量刑有利的证据，在得不到该单位或个人的同意，无权强制调查取证。在此情形下，按照我国法律的规定，辩护律师只能依法请求检察院或者法院“支援”，但其作用和时效难以保证，法院“支援”辩护律师的力度天然有限。如佘祥林案、赵作海案等冤假错案，发生原因是多方面的，但不可否认，辩护律师调查取证权有限以及辩护意见得不到充分的尊重，也促使了冤案的发生。为此，应当赋予犯罪嫌疑人、被告人及其律师申请法院调查、保全证据的权利，以便在不预先保全证据将会在使用证据上遇到困难时，实现通过法院保全有利于被告方的证据的目的。

（3）申请保释的权利。当今世界各国刑事程序的趋势之一就是将不对犯罪嫌疑人、被告人予以羁押作为一般性原则。对于预防侵犯犯罪嫌疑人、被告人权利而言，申请保释也是一种防御性权利。我国刑事诉讼法并未设立保释制度，但规定了取保候审、监视居住的强制措施，犯罪嫌疑人、被

---

① 宋英辉：《刑事诉讼原理导读》，法律出版社 2003 年版，第 105—106 页。

告人及其法定代理人、辩护人可以依法申请将逮捕变更为取保候审或者监视居住，具有类似于域外保释制度的基本功能，发挥保障人权的诉讼功能，按照我国刑事诉讼法的相关规定，除危害国家安全、杀人、强奸等严重危害公共安全和社会秩序达到一定程度的案件的犯罪嫌疑人、被告人，不予羁押有可能继续实施危害社会行为之潜在危险或人身危险性较大的犯罪嫌疑人、被告人，以及惯犯、教唆犯、曾被取保候审而违反取保候审规定未按时候审的犯罪嫌疑人、被告人不得保释外，一般均予批准以其财物取保候审的申请。不论是保释，还是取保候审，犯罪嫌疑人、被告人一旦获得，其本身就包含了人权保障的应有之义，同时也大大减少了刑讯等非法行为侵犯犯罪嫌疑人、被告人权利的机会。

（4）申请对其人身进行检查的权利。即犯罪嫌疑人、被告人（或通过律师）有权利随时向有关机关（法院或特别设立的机构）申请对人身进行检查。受到羁押的犯罪嫌疑人、被告人有的往往被羁押数月之久，案件移送另一办案机关时，在前一阶段是否有刑讯等现象往往难以核实。为了有效保障犯罪嫌疑人、被告人人身不受刑讯，赋予其申请人身检查的权利是十分必要的。[①]

2. 救济性权利的保障

所谓救济性权利，是指犯罪嫌疑人、被告人对国家专门机关所作的对其不利的行为、决定或裁判，要求予以审查并作出改变或撤销的诉讼权利[②]

（1）变更、解除强制措施请求权。犯罪嫌疑人、被告人被羁押的，根据刑事诉讼强制措施的必要性和变更性原则的要求，一方面，非必要不羁押，另一方面，羁押丧失法定条件必须解除羁押，赋予被羁押的人变更、

---

① 宋英辉：《刑事诉讼原理导读》，检察出版社 2003 年版，第 108 页。

② 国家统一法律职业资格考试辅导用书编辑委员会：《刑事诉讼法》，法律出版社 2021 年版，第 33 页。

解除强制措施请求权。这也是其救济性诉讼权利保障的必然要求。

（2）排除非法证据申请权。刑事诉讼的结果事关被追诉人基本人权，办案过程必须做到严肃、严谨、严格，具体到定案依据的证据的收集、审查和使用，必须坚持“三性”标准，即作为定案根据的证据要具备真实性、关联性与合法性，“三性”缺一不可，否则，不具备证据资格。在司法实践中，证据“三性”风险主要发生在合法性上，合法性问题突出表现为取证程序不合法，即办案人员特别是侦查人员通过刑讯逼供等严重侵犯人权的方式收集证据，该证据即非法证据。受办案人员人权观念、办案能力、办案环境等诸多因素的影响，我国司法实践中难免偶尔出现非法证据。为了防范因非法证据定案而造成冤假错案，除了公安、司法机关自我监督和自行纠错之外，赋予被追诉人及其辩护律师人排除非法证据申请权可以在一定程度上抑制非法取证手段或者方式的滋生，从而在证据获取环节保障犯罪嫌疑人、被告人的权利。

（3）上诉权。按照我国刑事诉讼法的规定，只要被告人或经其同意的近亲属、辩护人依法上诉，刑事案件必将进入上诉审理程序，并且上诉受上诉不加刑原则的保障。因此，上诉权在立法上是有保障的。但是，在司法工作中，偶有案件因各种原因提前引入上级法院的干预（如下级法院审判前请示上级法院或者上级法院事前批示等）而使上诉权的行使流于形式；也有则通过各种方式变相加刑，如二审法院以“量刑不当”为由发回重审；还有办案人员以威胁、诱骗等手段，阻止被告人及其亲属上诉，实际造成对被告人上诉权的侵犯。为有效保障被告人上诉权，除需加强公正司法、提高办案人员人权保障意识外，还需要明确侵犯上诉权的后果，包括程序法上的后果及有关责任人员应承担的责任。

（4）对死刑裁判的特别异议权。死刑的错误裁判一经执行，便不逆转。因此，从保证被告人人权保障的角度，确立对死刑裁判的特别异议权，应当是合乎实体性权利保障对程序性权利的逻辑要求的。为此，不仅要为受一审裁判的被判处死刑立即执行的被告人提供上诉的保障，还要为经二审维持死刑判决的被告人提供申诉的机会，即赋予当事人对死刑裁判不服的两次申辩的机会。不仅如此，还应当赋予被告人及律师针对死刑裁判向最高审判机关提出特别异议的权利，以使被告人及其辩护人的意见在该程序中得以充分表达。

（5）申诉权。犯罪嫌疑人、被告人的申诉权包括对检控方不起诉的决定或者对法院生效裁判如果不服，有权向法定机关申诉，要求重新审查并撤销或改变原来的决定、裁定。

（6）获得刑事赔偿的权利。犯罪是一种复杂的社会现象，由于刑事案件的复杂性以及办案人员主观因素等主客观原因，错捕、错判是难免的。一旦出现错误，往往会对犯罪嫌疑人、被告人人权造成严重的侵害，对于社会秩序的稳定也极为不利。为使上述损害降到最低，维护社会的稳定，许多国家均采用刑事赔偿制度。在我国，根据宪法规定，由于国家机关和国家工作人员侵犯公民权利而受到损失的人，有依照法律规定取得赔偿的权利。可见，赋予犯罪嫌疑人、被告人获得刑事赔偿的权利，是保障人权的宪法要求在刑事程序中的具体体现。错案赔偿作为犯罪嫌疑人、被告人人权保障的刑事诉讼程序的最后一道防线，它赋予犯罪嫌疑人、被告人以最后一次救济的机会，不仅可以使无辜受到错误追诉的人获得经济上的赔偿，而且更重要的是可以由此适当地平衡被错误追诉的人以及其家属、亲友的心理，通过司法救济还原司法公正，促进社会和谐稳定。

（二）被害人的人权保障

被害人是刑事诉讼当事人之一，其合法权益因犯罪行为而遭受侵害，也是刑事诉讼人权保障的主要对象之一。为使被害人能够通过行使刑事诉讼法赋予的程序性权利达到维护其实体性权利的目的，根据程序性权利与实体性权利相统一的原理，被害人的人权保障主要体现在诉讼权利保障的以下几个方面。

1. 控告或报案权。当被害人合法权益遭受犯罪行为侵害时，其本人可以向公安、司法机关进行告发，如果对犯罪行为和犯罪行为人均有明确的认知，可以选择控告的方式进行告发；如果认为存在犯罪行为，但不知道犯罪行为人是谁，可以选择报案的方式。对于被害人的控告或者报案，符合立案条件的，有管辖权的机关应当依法立案或者受理。

2. 申诉权。申诉是当事人对公安、司法机关已经作出的某种具有法律效力的行为或者对裁判文书表示不服而进行救济的一种诉讼行为。在刑事诉讼中，被害人申诉权的行使主要体现在：第一，对立案或不立案决定不服的申诉权；第二，对不起诉决定的申诉权；第三，对生效裁判不服的申诉权，等等。

3. 刑事自诉权。在刑事诉讼中，起诉模式大多为公诉模式，但基于诉讼效率等诉讼原理的考量，对于简单轻微的犯罪案件，法律赋予被害人在法定条件下可以直接向法院控诉被告，准许被害人刑事自诉，这样既可以节约侦查和公诉资源，缓解当下刑事司法资源供求矛盾，同时也为被害人司法救济预留自治空间，是司法刚性和柔性的有机融合，彰显了当代司法的文明。

4. 申请抗诉权。在刑事诉讼中，被害人属于狭义范畴，仅限公诉案件被害人，自诉案件的被害人被称为自诉人。由于公诉案件指控犯罪的权力和职责由公诉机关承担，被害人只是辅助公诉机关指控犯罪，不能左右、干扰公诉机关的控诉行为，也不得另辟控诉路径，以维持公诉秩序。为此，被害人对一审判决不服时，不享有上诉权，只能寻求检察院的抗诉支持，即申请抗诉权，当然，被害人申请抗诉，检察院未必应当抗诉。

5. 受到保护权。被害人因在诉讼中作证，本人或者其近亲属的人身安全依法受到保护。

6. 财产返还与赔偿权。被害人除了在公安、司法机关追究犯罪嫌疑人、被害人刑事责任中享有系列刑事层面的诉讼权利以外，同时还享有民事权益维护层面的诉讼权利，对于被犯罪嫌疑人、被告人非法占有与处置的财产，被害人可以通过司法机关追缴与责令退赔的方式获得返还或者赔偿。

为被害人提出和证明其赔偿要求提供保障手段和条件，建立国家对被害人的补偿制度对于被害人的保障，从法律规定的层面上看，我国刑事诉讼法已经相当完备。但是，将书面上的法律落实为行动中的法律，还需要作出努力。需要说明的是，我国尚未建立对被害人的国家补偿制度。如果被害人损失无法从犯罪行为人手里获得有效赔偿，并因此影响其基本生活，司法救济难题自然会转嫁给国家或社会。例如，建立被害人补偿制度，用法律保护真正受害者的合法权益，首先，符合我国宪法保障公民权利的要求；因为这种保障要求除了表现为防范犯罪对公民的侵害之外，还包括公民受犯罪行为侵害后的保护。在司法实践中，对因被告人行为遭受损失无法得到赔偿而造成生活极为困难的被害人，有的是由当地民政部门和被害人所在单位给予适当救济；但是，由于这种救济不为法律所调整，各地做法极不统一，也不平衡，有必要在总结经验的基础上、在条件成熟时，将国家对刑事被害人的补偿法律化、制度化，用国家补偿代替福利救济，这也是刑事程序进步的体现。其次，在我国司法实践中，个别被害人不向司法机关报案或在司法机关立案后持不合作态度，影响了刑事诉讼功能的发挥。其中一个重要原因，就是害怕一旦被告人被判刑入狱（特别是长期徒刑或死刑），其经济损失就无法挽回。实行国家补偿制度，可消除被害人的思想顾虑，若将报案和协助司法机关工作作为补偿的条件之一，则更能促其主动报案，积极揭露犯罪。再次，如果被害人得不到及时有效的赔偿，会滋生报复心理，伺机对罪犯或其近亲属复仇，甚至报复社会，增加社会不稳定因素。最后，实行补偿制度，在一定程度上可以增加犯罪人特别是初犯、轻罪犯、激情犯的负罪感，唤起犯罪人的良知，从而有效地消除其对被害人的复仇情绪。

（三）其他诉讼参与人的人权保障

在刑事诉讼中，人权保障的对象是所有诉讼参与人，除了重点保障犯罪嫌疑人、被告人和被害人之外，辩护人、诉讼代理人、证人、鉴定人等也是人权保障的对象。关于辩护律师和诉讼代理律师的人权保障，刑事诉讼法、律师法以及相关司法解释都有较为全面的规定，关于证人、鉴定人的人权保障，我国《刑事诉讼法》及其相关规定也有较为明确的规定。

第二节　实体公正与程序公正并重

一、实体公正与程序公正关系的界定

司法公正，也称诉讼公正，是维护社会正义的最后一道屏障，是体现社会正义的窗口，是诉讼的灵魂和生命。

司法公正，是指司法权运行过程中各种司法因素不论是过程还是结果均达到的理想、理性状态，司法公正是现代社会政治民主、进步的重要标志，也是国家长治久安、社会和谐稳定、经济健康发展、文化繁荣发展的重要保证。从外延上看，司法公正不仅包括实体公正，还包括程序公正，二者缺一不可。司法存在狭义和广义之分，狭义司法仅指法院或法官适用法律的各种活动；广义司法包括法院、检察院以及其他刑事诉讼专门机关适用或执行法律的活动。实体公正又称案件裁判结果的公正，基于法院统一定罪原则的要求，实体公正偏重的法院司法活动公正，其内涵和基本要求是：（1）适用法律正确；（2）量刑适当；（3）发现错案及时纠错，并依法进行国家赔偿。对于程序公正，应当从广义司法的范畴加以考究，要求

刑事诉讼中的各个参与机关均应当依法进行各种程序活动。直观的来看，程序的基本要求是空间上的有序性、时间上的有限性、手段上的适度性与合法性。总之，实体公正和程序公正是司法公正不可或缺的两个方面，二者是并重的关系，相互之间不可替代。

鉴于我国“重实体、轻程序”的法律文化传统，现代刑事诉讼立法、司法越来越注重对轻程序的纠偏，为此，下文也将着重就程序公正问题进行专题性探讨。

二、程序公正的理论解读

公正指的是正当的道理，公道、有利于人民之意；正直有公正刚直之意。对公正的理解，角度不同，则效果不同。例如，庞德说：“在法学上，我们所讲的执行正义（执行法律）是指在政治上有组织的社会中，通过这一社会的法律来调整人与人之间关系及安排人们的行为。”① 美国当代哲学家罗尔斯（J.Rawls）认为，“正义的主要问题是社会的基本结构”。② 博登海默认为，“正义所关注的是如何使一个群体的秩序或者社会制度适合与实现其基本目的的任务，满足个人的合理需要和要求”。③

日本学者谷口安平在《程序的正义与诉讼》一书中说：“程序是实体之母，或程序法是实体法之母。”可见，创制实体权利义务或者决定实体权利义务是否存在，并不仅仅在实体法这一层次上，而应该说主要在程序法这一层次上。只有程序公正了，才能使裁判结果合乎理性的要求，确保实体法的规定从抽象走向现实，确保实体公正目标得以实现。根据刑事诉讼活动的基本规律，程序公正主要体现在以下几个方面。

---

① ［美］庞德：《通过法律的社会控制——法律的任务》，商务印书馆 2010 年版，第 55 页。
② ［美］罗尔斯：《正义论》，中国社会科学出版社 2016 年版，第 5 页。
③ ［美］博登海默：《法理学：法哲学及其方法》，中国政治大学出版社 2017 年版。

（一）坚持证据裁判原则，遵守刑事证据规则。专门机关按照法定证据规则收集、审查、使用各种有罪、无罪证据，做到“取证不侵权，程序不违规”。

（二）办案人员保持中立。程序正义是看得见的正义，任何人不得担任自己案件的执行官和裁判官，为此，中立要求办案人员以及其他有关人员遇法定情形依法回避。

（三）审判独立和检察独立。即审判机关和检察机关处理具体刑事案件时，不受非法干涉。

（四）强制措施适用坚持合法性、必要性、比例性和变更性原则。强制措施作为一种程序性强制手段，其适用不仅直接体现出保障人权诉讼理念的秉持程度，而且也是程序是否公正的直观表现。

（五）严格遵守诉讼期间的规定。作为一项程序活动，其最突出的形式特征就是空间上的有序性和时间上的有限性，每一个诉讼阶段、每一项诉讼环节、每一种诉讼活动都要遵守相应的时间表，即期间规定，期间规定是否被遵守直接影响到诉讼效率。关于诉讼效率问题，下文详述。

（六）诉讼活动的公开、透明。除法定情形外，诉讼活动特别是审判活动应当公开进行。阳光是最好的防腐剂，以公开促公正，是司法公正的应然要求。但是，鉴于刑事诉讼不同阶段的特殊任务和诉讼职能，诉讼公开并非绝对化的规则。就侦查活动而言，由于侦查需要坚持保密原则，侦查活动在形式上具有一定公开性。例如，侦查人员进行公开化的勘验检查、搜查、查封扣押、通缉等，但是，侦查内容是应当保密的。检察院的审查起诉主要是书面审查，其诉讼活动没有公开的必要性，但是，有关逮捕活动依法应予公开，如审查逮捕公开、逮捕后的羁押必要性审查公开等，我国刑事诉讼法的相关司法解释已经有了相关规定，但均属于可以公开的要求，有待进一步完善。审判公开是我国的一项宪法原则和刑事诉讼法原则，并有详细的规定。

（七）保障诉讼参与人的诉讼知情权。这里所说的诉讼知情权，是指刑事诉讼参与人特别是当事人、辩护人、诉讼代理人对于办案机关的各种程序性活动以及程序性决定，有权利获得告知或通知。例如，委托辩护人、诉讼代理人的告知，非法证据陪申请权的告知、上诉权的告知以及各种程序性法律文书的送达等。

（八）坚持控辩平衡，保障被告人及其辩护人的充分行使辩护权。控辩平衡不仅是程序公正的外在表现，也是保障人权的应然要求。在实行职权主义诉讼模式的刑事诉讼中，控方处于先天优势地位，要做到控辩平衡，应当注重和强化辩护权、辩护制度、律师制度的设计，充分保障被追诉方及其辩护人辩护权的行使。

（九）坚持司法民主。司法民主不仅是司法文明的主要标志，也是程序公正的内在要求。司法民主又分为内部民主和外部民主。内部民主要求办案机关在重要、复杂、疑难的程序性决定上，实行民主集中制原则，少数服从多数，但一般程序性活动由办案人员独立自主的作出判断。外民民主是指司法机关进行重要诉讼活动，邀请或者吸收司法机关以外的人员参与其中。例如，检察院进行羁押必要性审查时，如果公开进行审查，邀请人大代表、政协委员等参与，并听取其意见。又如，法院审理重大社会影响案件时，依法吸收人民陪审员组成合议庭等。

（十）程序选择的参与。刑事诉讼专门机关可以主导诉讼活动，但刑事诉讼不是专门机关的独角戏。为了体现程序正义，从而促进实体公正的实现，赋予犯罪嫌疑人、被告人的程序选择，会增强其对裁判的认同感，减少或避免不必要的上诉、申诉或涉诉上访的发生。例如，自诉案件的调解、和解；简易程序、速裁程序适用前征得被告人同意等。

第三节 诉讼效率

一、诉讼公正与诉讼效率关系的界定

诉讼效率是指诉讼中所投入的司法资源（包括人力、财力、物力等）与案件处理数量的比例。刑事诉讼法规定了“准确、及时地查明犯罪事实”的任务，在具体制度和程序设计上，诉讼效率诉讼理念得到了较全面的坚持。例如，期间制度的规定，以及酌定不起诉、独任审判等。刑事司法的高效率不仅仅指司法过程的迅速和司法资源的低消耗，而且也指司法过程良好的社会效果和社会成本的最低支付。[①]2012 年刑事诉讼法修改扩大的简易程序适用范围，2018 年刑事诉讼法修改时增加的速裁程序和认罪认罚从宽制度都是诉讼效率理念在我国刑事诉讼立法被秉持并渐次彰显的例证。

在刑事诉讼中，效率在公正得以实现的基础上才有意义。如果公正不存在，也就无所谓效率。因此，在刑事诉讼中，公正与效率的关系，应当是公正第一，效率第二。在刑事司法中，应当是在保证司法公正的前提下追求效率，而不能草率办案，损害实体公正和程序公正。如果只讲“从快”而违背诉讼规律，虽然结案率很高，但错案往往也会增多，冤枉了无辜，放纵了犯罪，不仅做不到公正，也难以真正实现效率。

法的价值是一个多元多维的庞大体系。[②] 传统的法律观或者公正观认为，公正是司法或者诉讼的唯一价值目标，并成为人们评价司法公正的唯

---

① 李建明、陈爱倍:《刑事司法过程的社会效果与社会成本——关于刑事司法效率的思考》，载《南京师范大学学报》（社会科学版）2005 年第 1 期。

② 葛洪义:《法理学》，中国政法大学出版社 2017 年版，第 61 页。

一标准。在社会转型期，生活压力变大、工作节奏加快催生了人们效率意识，加之法治日渐被公众接受，日益固化为人处事的基本规则，公正、高效和文明成为当事人评价“司法产品”优劣的标准。换言之，对司法公正的评价不再拘泥于实体公正和程序公正本身，在此基础上，人们还关注诉讼效率。在一定意义上，诉讼效率就是第二公正。当然，不管司法资源多么紧张，诉讼效率何等重要，作为刑事诉讼多元多维的价值体系的一元，诉讼效率不可能且永远不可能处于最高维度，否则，司法或者诉讼就丧失了生命和灵魂。在公正和效率发生冲突时，公正必须处于第一位。

二、诉讼效率的理论解读

诉讼效率，有的学者称之为诉讼效益，或者司法效率。在社会转型时期，各种案件的发案率居高不下，在各种司法资源有限性的境况下，司法资源供不应求的较为突出，在司法实践中将其称为“案多人少”，这种现象的持续存在，自然会导致司法效率的降低。

传统的法哲学，认为刑事程序的价值体现在安全和公正上，效益是没有任何法律地位的，它不是一种法律价值。但随着 20 世纪经济分析法学的崛起，效益问题逐渐被人们重视。经济分析法学是 20 世纪 60 年代首先在美国兴起的法学思潮，其核心要义就是用成本衡量法律行为的可行性，用效率评价制度优劣。不论是立法，还是司法，都必须考虑资源和成本问题，这既是法自身发展规律的阶段性体现，也是迫于现实的无奈选择。从司法资源的角度看，和其他任何资源一样，各种资源都存在有限性的特点。会转型时期，各种刑事案件呈现高发态势或者趋势，在国家财力、物力资源有限的情况下，开源节流也便跃然纸上。从效益或者效率的考虑，以最小的资源投入带来最大的司法产出是必然选择，因此，立法者或者司法者在各种诉讼制度或者司法制度设计时，自然会将效率理念融入其中。另外，从司法人力资源的开发和养护角度看，以侦查人员、检察人员、审判人员等为主体的司法人力资源同样需要成本投入，这种投入除了智力性的投入之外，同样离不开财力资源的支撑，归根到底，在资源有限的国情背景下，刑事诉讼模式和具体程序制度的选择，应当要考虑以最少的人财物资源，投入，获得最大的司法产出。从内容上看，刑事诉讼效益包括诉讼的经济效益和社会效益两个方面。前者以最少的司法资源投入换取最大量刑事案件的处理，即提高诉讼效益，降低诉讼成本，减少案件积压和司法拖延的现象，又称之为效率。后者则要求刑事诉讼活动在实现秩序和公正方面，达到最佳的社会效果。我国《刑事诉讼法》第 2 条规定："中华人民共和国刑事诉讼法的任务，是保证准确、及时地查明犯罪事实……"这一立法规定反映了我国刑事诉讼对诉讼效率的追求以及诉讼效率在国家司法中的重要地位。因此，在刑事诉讼活动中应当确立诉讼效益理念。

在刑事诉讼中，资源的供求矛盾客观存在。一方面，由于现代社会社会关系日趋复杂化等原因，犯罪现象似乎没有减少或消灭，而国家又不能滥用公权打击犯罪，只能通过法定的诉讼程序来追究被告人的刑事责任，以达到惩罚犯罪和保障人权，进而实现减少或预防犯罪的目的；另一方面，国家投入刑事诉讼的人力、物力和财力等司法资源由于受经济发展水平、社会财富有限性等因素限制，在一定时期总是有限的，远不能满足无穷尽追究犯罪、惩治犯罪和保障人权的需要。这样，打击犯罪的无限性与资源投入的有限性之间的矛盾凸显出刑事诉讼中效益问题的重要性。[①] 根据上文所作的分析，从经济学的角度讲，效益是指刑事诉讼中所投入的司法资源（包括人力、物力、财力等）与所取得的诉讼成果之比例。在刑事诉讼中追求效益就是要求以一定的司法资源投入换取尽可能多的诉讼成果，或者在取得同样诉讼成果的前提下追求司法成本的最小化。一般而言，刑事

① 任永芳：《刑事简易程序研究》，四川大学 2004 年硕士学位论文。

诉讼并非以追求经济或物质利益为前提，刑事诉讼活动的收益主要是伦理性的或非物质性的，一般难以量化，而且诉讼的投入与产出缺乏共同的可比单位，难以单纯地用数量形式进行评价和衡量。一般来说，人们往往以诉讼周期的长短、诉讼程序的繁简以及司法资源是否得到合理配置等标准来评价刑事诉讼过程和结果的经济合理性。刑事诉讼结果的合理性可以从两个方面来评价，一是结案数量，即结案率必须要达到预期值或满足社会的需要；二是结案质量，即办结的案件从质量上能够产生良好的社会效应。因此，刑事诉讼结果的合目的性体现为办结案件数量与质量的统一。

综上，诉讼效益理念的价值取向就是以最少的人力、物力和财力，在最短的时间内来最大限度地满足人们对正义、自由和秩序的需求。正如经济分析法学派代表人物波斯纳在其著作《法律的经济分析》一书中所指出的那样："正义的第二种意义，简单地讲，就是效益。"①

第四节　基于刑事诉讼基本理念的"刑事诉讼"定义②

概念是认识事物的切入点，法律概念的界定含涉着法律理念的精髓。进入 21 世纪后，随着保障人权、司法公正和诉讼效率等诉讼理念不断深入人心，我国刑事诉讼从立法到研究都发生了深刻的变化，我国诉讼民主和诉讼法制的格局正逐步形成。在这些新的诉讼理念和制度形成的过程中，应该说诉讼法学研究功不可没，翻开近几年的刑事诉讼法学教材，从基本概念、理念的表达论证到具体原则、制度和程序的探讨无不体现文明、进步和以人民为中心的精神。但是，我们也注意到，法学界在对诉讼法学进

---

① ［美］波斯纳：《法律的经济分析》（上），蒋兆康、林逸夫译，中国大百科全书出版社 1997 年版，第 1 页。

② 参见胡志斌：《"刑事诉讼"定义的再思考》，载《政法论丛》2006 年第 5 期。

行宏观研究的同时，还有一些微观问题值得我们关注。如什么是“刑事诉讼”，从20世纪80年代的刑事诉讼法学统编教材到当下的各种法学专业规划教材对这个最基本的又最先跃入读者眼帘的诉讼法学概念的回答几乎没有本质区别，不仅不能体现与时俱进的要求，同时也表现出自身理论体系的不协调。在笔者看来，对刑事诉讼这个最基本的概念的回答不仅能够反映出一个国家诉讼法律的价值取向和本质所在，而且也能反映出立法者和学者对待刑事诉讼的基本态度。基于这样的认识，笔者试图以此抛砖引玉来引起诉讼法学界同人对“刑事诉讼”概念的关注。

一、学术界关于“刑事诉讼”概念的表述

表述一：刑事诉讼是国家司法机关依照特定的方式和程序，揭露犯罪，证实犯罪，确定被告人的行为是否构成犯罪，并依法给予犯罪人以应得惩罚的活动。

表述二：刑事诉讼是指为了解决被告人是否犯罪、犯何种罪、要不要处刑、如何处刑问题进行的诉讼。①

表述三：刑事诉讼是指国家司法机关在当事人和其他诉讼参与人的参加下，依法揭露犯罪、证实犯罪、确定被告人的行为是否构成犯罪，应否给予惩罚的活动。②

表述四：中国刑事诉讼是指公安机关、人民检察院、人民法院在当事人和其他诉讼参与人的参加下，依照法律规定的程序，解决被追诉者刑事责任问题的活动。③

表述五：刑事诉讼是在国家专门机关的主持下，诉讼参与人的参加下，

---

① 《辞海》，上海辞书出版社2009年版，第206页。

② 胡锡庆主编：《刑事诉讼法教程》，中国政法大学出版社1993年版，第4页。

③ 陈光中、徐静树主编：《刑事诉讼法学》，中国政法大学出版社年2001版，第3页。

查明犯罪和追究犯罪的活动。我国刑事诉讼是指公安机关、人民检察院、人民法院在当事人及其他诉讼参与人的参加下，依照法律规定的程序，查证、核实被告人是否实施了犯罪，是否应当受到刑罚的处罚以及应当受到何种刑事处罚的活动。①

表述六：刑事诉讼是国家专门机关查明犯罪和追究犯罪的活动。②

表述七：刑事诉讼是指国家司法机关在当事人及其他诉讼参与人的参加下依法处理刑事案件，解决犯罪嫌疑人、被告人刑事责任问题所进行的全部活动。③

表述八：刑事诉讼就是指国家司法机关在当事人及其他有关人员的参加下处理刑事案件的活动。它具有三个基本特征：刑事诉讼是国家行使刑罚权的活动；刑事诉讼是依法定程序进行的活动过程；刑事诉讼是在诉讼参与人参加下完成的活动。④

表述九：刑事诉讼是在处理刑事案件的过程中，以实现刑事司法公正，提高刑事诉讼效率，从而维护社会系统的基本秩序和基本利益为直接目的的活动。⑤

表述十：刑事诉讼是指在国家诉讼机关的主持和相关诉讼参与人的参加下，查明犯罪事实、追究和惩罚犯罪的活动。⑥

表述十一：刑事诉讼包括狭义的刑事诉讼和广义的刑事诉讼。狭义的刑事诉讼仅指刑事案件起诉至审判的诉讼程序。广义的刑事诉讼是指国家为实现刑罚权所实施的全部具有诉讼意义的行为。⑦

---

① 樊崇义主编：《刑事诉讼法学》，中国政法大学出版社 1999 年版，第 5 页。
② 樊崇义、周士敏、刘根菊主编：《刑事诉讼法学》，中国政法大学出版社 200 年版，第 3 页。
③ 许江主编：《刑事诉讼法学》，南京大学出版社 2002 年版，第 3 页。
④ 张旭主编：《刑事诉讼法》，中国人民大学出版社 2003 年版，第 5—6 页。
⑤ 龙宗智、杨建广主编：《刑事诉讼法》，高等教育出版社 2003 年版，第 9 页。
⑥ 樊崇义主编：《刑事诉讼法学》，法律出版社 2004 年版，第 5 页。
⑦ 龙宗智、杨建广主编：《刑事诉讼法》，高等教育出版社 2003 年版，第 9 页。

表述十二：刑事诉讼应理解为国家裁判机构在追诉机构（以及自诉人）的追诉活动与被指控者的防御活动之间实施审查，并使双方展开理性争辩与说服，最终裁判刑事案件的活动与过程。[①]

表述十三：我国刑事诉讼，是指人民法院、人民检察院和公安机关（含国家安全机关等其他侦查机关，下同）在当事人及其他诉讼参与人的参加下，依照法律规定的程序，解决被追诉人刑事责任问题的活动。[②]

二、关于"刑事诉讼"概念表述的述评

上面列举的仅仅是诉讼法学界部分学者对刑事诉讼法概念的表述。对这些不同历史时期的概念表述进行系统分析，笔者认为以上表述有以下几个方面的特点和不足。

（一）各种概念表述的特点

第一，从刑事诉讼的主体上，强调刑事诉讼活动是国家机关的专门活动。当然，有的学者也不否定诉讼参与人的作用，如表述三、五、七。20世纪80年代和90年代早期的法学教科书，对办案国家机关的表述还有一定的差异，早期的教科书一般把它表述为"司法机关"，如一、三的表述。自90年代中后期以来的刑事诉讼法学教材主要把它表述为"专门机关"，有的又把它具体表述为"公安机关、人民检察院、人民法院"，还有的表述为"公安、司法机关"。

第二，从刑事诉讼的内容上，强调刑事诉讼活动是查明犯罪、追究犯罪和惩罚犯罪，或者解决被追诉人（1996年之前的表述普遍为"被告人"）

① 刑事诉讼法学编写组：《刑事诉讼法学》（第三版），高等教育出版社2019年版，第2页。

② 国家统一法律职业资格考试辅导用书编辑委员会：《刑事诉讼法》，法律出版社2021年版，第4页。

的刑事责任。也有的学者简单地将刑事诉讼活动的内容表述为“处理刑事案件”的活动。

第三，从刑事诉讼的价值取向上看，不论是 20 世纪的法学教材，还是 21 世纪法学教材，刑事诉讼法学家们的表述所能体现出的价值目标只有一点，即“惩罚犯罪”。

第四，从“程序法定”原则的要求来看，只有少数学者的表述中提到“依法定程序”，如表述四。至于诉讼分为几个程序阶段，学者们既承认“广义说”，又承认“狭义说”。

（二）各种概念表述的不足之处

第一，只强调公权主体，淡化私权主体。应该说，基于现代刑事诉讼的公正、平等、权力制约等理念的要求，各种诉讼主体在诉讼中几乎同等重要，只是在不同的诉讼阶段发挥的作用存在一定的差异。如果概念表述只强调国家专门机关的作用，忽视诉讼参与人尤其是当事人的地位和作用，容易使当事人陷入客体境地而丧失主体地位。

第二，没有完全揭示出诉讼活动的法律依据和法律内容。从各种概念的表述来看，很少提到“依法”（包括实体法和程序法）两个字，不能体现“程序法定”原则的内在要求。另外，刑事诉讼的动态内容本身就是行使权力（利）或履行义务。事实上，不论“广义说”还是“狭义说”都是各种诉讼主体（包括专门机关和诉讼参与人）的权力（利）行为和义务行为。但是各种概念表述都没有揭示诉讼活动的全部法律内容，只是很笼统地说刑事诉讼是司法机关处理刑事案件的活动，疏漏了当事人的诉讼活动，犯了以偏概全的错误，如表述六。

第三，不能很好地反映当代刑事诉讼的主题。刑事诉讼法学的研究也应当与时俱进，传承历史固然重要，但是时代特征也不可忽视。然而前述的各种表述所揭示的几乎是一个共同内容，即刑事诉讼活动就是治罪活动。

司法公正、保障人权等当代最强的诉讼音符在这些概念中被表达得不充分。表述九的表达很有新意，抓住了当代刑事诉讼的主题：公正、效率等，但笔者认为它也有不足之处。因为它没有表达出诉讼主体的范围，而且对诉讼目标的表述过于抽象。刑事诉讼法作为基本法应当得到普及，使刑事诉讼观念家喻户晓、深入人心，如果基本概念的表述过于学术化，则不利法律的普及和广泛运用。①

三、“刑事诉讼”的新表述

（一）“刑事诉讼”表述时应坚持的原则

1. 反映概念内涵和外延的原则。概念是思维的细胞，思维、认识离不开概念。概念是关于客观对象本质的思维形式。概念具有内涵和外延。概念的内涵表明概念所把握的客观对象是什么，概念的外延就是它所把握的客观对象的范围。②刑事诉讼的内涵，就是解决犯罪嫌疑人、被告人刑事责任，惩罚犯罪、保障人权，这一内涵必须要表达出来；因为它反映了刑事诉讼的实质所在。刑事诉讼的外延，是指反映和实现刑事诉讼内容的主体和形式，就主体来说，其范围包括国家诉讼主体和私人诉讼主体；就形式而言，则又包括法定的诉讼结构形式、诉讼阶段和诉讼期间等，我们可以将其统称为“法定程序”。

2. 法律概念、法律原则和法律规则协调演进原则。法理学界一般认为，“对当代中国法律实践来说，法律规则、原则和概念三者构成是比较合理的”，③这三要素是我们准确理解和正确适用法律的切入点，三者关系密切，

---

① 胡志斌：《“刑事诉讼”定义的再思考》，载《政法论丛》2006年第5期。

② 阎庆华：《哲学视域中的概念、判断与推理》。

③ 沈宗灵主编：《法理学》，北京大学出版社2000年版，第32页。

不可分割。法的三要素中主体要素是规则，但这绝不是说法律概念和法律原则是无足轻重的。事实上，它们不仅对正确理解和适用法律规则是不可少的，而且在法律实践中，它们往往有直接的、独立的意义。对任何一个要素的理解和适用都要联系实际，联系其他要素，否则就会进入形而上学的错误认识境地。就法律概念来说，“它不是法学家任意创造的，它们是法学家从无数的实践中概括出来的。法学家的一个重要任务就是从社会生活的实践中提炼出法律概念。法律概念的内涵和外延都不是固定不变的，它们随着社会生活的发展、法制水平和法学家认识水平的发展而不断发展变化”[①]。事实上，在不同国家和地区及其不同时期，法律制度都在不断地演进，作为其构成要素的法律规则、法律原则和法律概念也必然会不断完善和重组。

众所周知，从20世纪90年代至今，我国刑事诉讼法学研究和刑事诉讼立法都发生了质的变化。新思路、新理念在刑事诉讼法的新的原则和规则中得到了较为全面的体现，尤其是无罪推定、司法公正、司法效率以及人权保障等思想成为立法进一步完善的价值取向。因此，作为刑事诉讼法这一最基本的法律或法学概念也要与刑事诉讼基本原则和规则的变化步调一致，以全面体现新理念、烘托新原则、彰显新规则。

3. 概括本质内容原则。诉讼法律行为，其实质内容就是诉讼主体行使权利、履行义务的行为以及由此而产生的特定法律效果。就刑事诉讼行为而言，是指诉讼主体或其他主体依法实施的、构成诉讼程序内容的、可以产生诉讼特定效果的行为。这里所说的诉讼主体既包括公安机关、人民检察院、人民法院等专门机关，也包括当事人以及其他诉讼参与人。他们所实施的行为就其内容来说，就是专门机关行使侦查权、检察权、审判权的行为与当事人行使诉权的行为，以及他们所履行的相关职责、义务。“特

① 沈宗灵主编:《法理学》，北京大学出版社2000年版，第36页。

定的效果”既包括对诉讼程序的进展有法律约束力的效果，如起诉引起审判程序，上诉引起二审程序；也包括对当事人实体利益产生影响的法律效果，如判决行为可能影响被告人生命权、自由权等。因此，作为刑事诉讼这一概念，应当揭示出该项法律活动的主体、权责、效果等重要内容。

4. 体现价值取向原则。刑事诉讼作为刑事诉讼法或刑事诉讼法学最基本又是最前沿的概念，是整个部门法（学）的最高度的概括和总结，应当能折射出它的闪光点，体现出它的价值取向及其合理内核。关于当代刑事诉讼的价值取向问题，尽管学术界众说纷纭，但总体上不外乎程序法定、司法公正、司法效率、惩罚犯罪、人权保障等。不管如何表述，笔者认为不同的表述至少要反映出这些基本的诉讼价值观。

（二）刑事诉讼的概念及其特点

基于上述认识，笔者认为刑事诉讼是指为惩罚犯罪、保障人权，实现司法公正、提高诉讼效率，以国家专门机关为主导，由包括国家专门机关在内的各种诉讼主体依法定程序进行的行使诉讼权力（利）、履行诉讼职责或义务并相互作用的专门活动。刑事诉讼活动作为一种特殊的法律活动，具有以下几个方面的特征。

1. 刑事诉讼的目的是惩罚犯罪和保障人权。刑事诉讼的目的是整个刑事程序的出发点和归宿点，目的不同，表明在刑事诉讼中的利益保护侧重点不同，体现出国家与个人之间法律上的相互关系不同。惩罚犯罪作为刑事诉讼目的是国家履行公共管理职能、保护公众利益的需要。惩罚犯罪和保障人权的关系是既对立又统一的。在现代法治社会，由于政府权力本身就是以保障个人权益为存在根据的，所以，惩罚犯罪与保障人权作为刑事诉讼的双重目的，从根本上说是一致的。[①]

① 谭世贵：《中国司法制度》，法律出版社 2016 年版，第 45 页。

2. 刑事诉讼的价值取向主要是司法公正、司法效率。司法公正是司法制度（包括诉讼制度）的首要的基本范畴，是司法的生命和灵魂，是实施依法治国方略的关键和保障，同时追求司法公正是司法工作的永恒主题，正如习近平总书记在中国共产党第十九次全国代表大会报告中强调的，“努力让人民群众在每一个司法案件中感受公平正义”①。因此，刑事诉讼概念的表述应当将司法公正和司法效率概括进去，以体现当代刑事诉讼基本理念。

3. 刑事诉讼中国家权力的运用具有主动性和强制性。从纠问式诉讼形成以后，追究犯罪不再是被害人个人的事，刑事诉讼通常采取国家机关侦查以及国家机关公诉的方式主动向犯罪嫌疑人发起诉讼进攻。国家侦查机关和公诉机关诉讼权力的行使不是停留在诉讼表层的消极控诉，而是深入其中。突出表现为专门机关在诉讼过程中，依法对人的强制（如拘留、逮捕等）和对物的强制（如扣押、搜查等）。

4. 刑事诉讼是各种诉讼主体行使权力（利）、履行义务并相互作用的活动，其中国家诉讼主体的活动起主导作用。刑事诉讼不是司法机关单方面的权力和义务活动，必须要有当事人和其他诉讼参与人的参与；否则，就不具备刑事诉讼的基本形式。只有承认国家控诉方和被告方的公平抗衡，中立、独立的裁判方才有可能作出公正的判决。当然，国家专门机关和当事人在诉讼中的作用是不能等量齐观的，基于追究犯罪主要是国家责任的考虑，国家诉讼主体在刑事诉讼中应当表现出主导和优势地位，主要诉讼程序是否启动也应当由国家诉讼主体决定，一般不以当事人意志为转移。

5. 刑事诉讼活动必须依法定程序进行，坚持程序法定原则。刑事诉讼活动是追求公正的活动，这种公正不仅应当得到体现，而且应当以人们看

---

① 中共中央宣传部:《习近平新时代中国特色社会主义思想学习问答》，学习出版社、人民出版社 2021 年版，第 175 页。

得见的方式实现。这种看得见的方式就是各诉讼主体尤其是国家诉讼主体严格遵循法定的诉讼程序行使权力（利）、履行义务。只有坚持程序法定原则，才能限制司法人员的恣意；只有坚持法定程序，司法权威才能被认可，司法机关才能被信任，当事人也才能心悦诚服，从而使得整个诉讼机制处于良性循环状态。[①]

---

① 胡志斌：《“刑事诉讼”定义的再思考》，载《政法论丛》2006年第5期。

第二章

刑事诉讼基本制度研究

所谓的刑事诉讼基本制度，是指以基本理念为导向，以基本原则为基础，通过立法所规定的相对具体的程序规范。基本制度通常适用于刑事诉讼的全过程或者某些诉讼阶段，主要包括管辖制度、回避制度、辩护制度、证据制度、陪审制度和审级制度等，鉴于篇幅和各种制度研究状况，本仅选择辩护制度、审级制度和公开制度加以研究。

第一节　刑事辩护制度

一、辩护制度的历史演变

辩护制度是刑事诉讼制度的重要组成部分，在现代刑事诉讼中，控辩平衡是刑事诉讼的基本原理，是惩罚犯罪与保障人权、实体公正与程序公正诉讼理念的具体要求和直接体现，为此，基于控诉制度而生的辩护制度也便具有合理性和正当性。辩护制度作为一项诉讼制度，是辩护权权利、辩护主体、辩护种类和辩护方式一系列具体规则的统称。在以审判为中心的刑事诉讼制度改革中，辩护制度的作用日益凸显，可以说，“以审判为中心的诉讼制度是充分保障辩护权的诉讼制度”。[①]

律师制度与辩护制度是相伴而生，形影不离的，古罗马共和国初期，社会上出现了一种被称为“保护人”的职业，在法庭上对被保护人进行代

① 顾永忠:《以审判为中心背景下的刑事辩护突出问题研究》，载《中国法学》2016年第2期。

理和辩护，后来逐渐发展为一种“自由职业”。由于这些人懂法善辩，所以又称“辩护士”，这可以说是律师的最早形式。

近现代意义上的辩护制度是伴随资产阶级民主革命而产生的。在欧洲中世纪，为了推翻封建专制，并否定以有罪推定、刑讯逼供、法定证据等为特征的司法专断制度，资产阶级民主革命派开展了以罪刑法定、无罪推定、被告获得辩护、自由心证等为主要内容的法治、政治革命。在部分国家取得民主革命成功之后，无罪推定、辩护制度等写入相关宪法性文件和刑事诉讼法律之中例如，1679 年的《英国人身保护法》、1791 年《美利坚合众国宪法》、1808 年《法国刑事诉讼法》等均对辩护制度作出了相应的规定。

中华人民共和国成立之前，民主革命根据地就建立了禁止刑讯逼供、被告人获得辩护等人民司法制度，以 1932 年中国共产党领导下的苏区颁布的《裁判部暂行组织及裁判条例》为例，该法律文件不仅规定了被告人自己可以辩护，而且可以委托他人出庭进行辩护。新中国成立之后，第一部宪法即 1954 年宪法明确了被告人获得辩护原则。在其之后的几部宪法中均对被告人获得辩护问题作出了相同的原则规定。1979 年的第一部刑事诉讼法对辩护制度作出了较为具体的规定，与辩护制度相适应，1980 年首部具有法律意义的律师制度规范文件《律师暂行条例》颁布实施。1996 年，全国人大对刑事诉讼法进行了第一次大修，辩护制度才得以完善。例如，规定了强制指派辩护制度，与之相对应，律师制度的立法也被提档升级，1996 年中华人民共和国第一部律师法正式颁布实施。

2012 年、2018 年《刑事诉讼法》的两次修改，2001 年、2012 年、2017 年《律师法》的三次修正，以及《关于依法保障律师执业权利的规定》，对辩护制度作出了更加完善的规定。值得一提的是，2018 年《刑事诉讼法》修改时，增加了值班律师制度，为辩护制度提供了有益补充。可以说，我国的辩护制度伴随刑事诉讼制度、刑事审判制度的完善而不断健全，辩护体系已经基本形成。如有的学者所言："刑事辩护制度的改革与刑事诉讼制度的改革特别是与刑事检察制度、刑事审判制度的改革密不可分，甚至达到'你中有我，我中有你'的程度。"①

纵观我国刑事辩护制度四十多年的历史发展，其嬗变脉络主要表现在以下几个方面：一是律师从"国家法律工作者"向"法律代理人"的转变，律师职业伦理随之从原有的注重公益义务走向对忠诚义务的强化；二是律师辩护阶段从原有的"法庭辩护"逐步走向"全流程辩护"；三是从原有的注重被告人"有权获得辩护"走向保障被告人"获得律师帮助"；四是从原有的律师参与诉讼走向"律师有效辩护"；五是在辩护权利的保障机制上引入律师权利救济机制和法律风险防控机制。②

二、我国辩护种类的理论概括

作为刑事诉讼法的重要组成部分，我国辩护制度紧随刑事诉讼立法完善的步伐亦步亦趋，就辩护种类而言，从最早的自行辩护、委托辩护发展至今，形成了如下三种既彼此独立又相互补充的辩护。

（一）自行辩护

所谓的自行辩护，也称自我辩护，是指作为被追诉人的犯罪嫌疑人、被告人针对侦查机关、公诉机关、自诉人的侦查行为和犯罪指控，进行辩驳的诉讼行为。根据我国刑事诉讼法的规定，犯罪嫌疑人在侦查阶段开始不仅能自行辩护，而且在不附加任何条件的情况下，可以自行委托辩护律师帮助辩护，不过，这个阶段律师辩护权的行使受到一些限制，如无权调

---

① 顾永忠：《刑事辩护制度改革实证研究》，载《中国刑事法杂志》2019 年第 5 期。

② 陈瑞华：《刑事辩护制度四十年来的回顾与展望》，载《政法论坛》2019 年第 6 期。

查取证等。对此，有的学者主张，应当加强自行辩护权的保障，使被追诉人的辩护"像律师辩护一样"专业，赋予被追诉人以辩护人地位乃大势所趋。[①]

（二）委托辩护

委托辩护可分为两种情形：其一，自诉案件的被告人有权随时委托辩护人，即被告人知道有人向人民法院提起控告，状告自己后即可委托辩护人，为自己辩护；其二，公诉案件犯罪嫌疑人在侦查阶段即可以委托辩护人，但是，这个阶段只能委托律师身份的辩护人进行辩护，具体的委托时间节点是犯罪嫌疑人被侦查人员首次讯问或者被采取刑事强制措施（拘传、取保候审、监视居住和逮捕）之日。如果犯罪嫌疑人被羁押而无法委托的，犯罪嫌疑人可以直接向羁押场所提出要求，由羁押场所依法传递委托辩护要求，或者其近亲属代为委托。

（三）法律援助辩护

法律援助辩护是指在刑事案件中国家为犯罪嫌疑人、被告人提供免费的辩护，是"法律面前人人平等"在司法中的体现，在保护被追诉人合法权益不受侵害，保障无罪之人不受刑事追究，切实实现司法公正方面发挥着重要的作用。[②]法律援助辩护充分彰显了保障人权、程序公正的诉讼理念，是国家救济制度在刑事诉讼领域中的具体体现。法律援助辩护也是一种国际惯例，对此，联合国的国际法文件《关于律师作用基本原则》中作出了具体规定。我国早在 2003 年，就针对辩护制度等制定行政法规《法律援助条例》，经过近二十年的实践探索，法律援助制度的立法提档升级，

---

① 韩旭：《自行辩护问题研究》，载《当代法学》2021 年第 1 期。

② 陈光中、魏伊慧：《论我国法律援助辩护之完善》，载《浙江工商大学学报》2020 年第 1 期。

2021年《法律援助法》正式通过，并于2022年1月1日实施，其中规定的法律援助辩护制度更加完善。

根据《法律援助法》和《刑事诉讼法》的相关规定，我国法律援助辩护的基本特点包括：（1）法律援助辩护启动主体多元化。除了犯罪嫌疑人、被告人可以申请援助辩护之外，侦查机关、检察机关、审判机关在各自的办案阶段可依法通知法律援助机构指派法律援助辩护律师为没有委托辩护人的人提供辩护，由此可将法律援助辩护分为申请法律援助辩护和通知法律援助辩护；（2）法律援助辩护全程化。不论侦查阶段，还是审查起诉阶段、审判阶段，法律援助辩护均可以依法启动实施；（3）法律援助辩护主体律师化。即提供法律援助辩护的主体只能是律师，根据有效辩护原则的要求，援助辩护律师必须是具有一定执业年限并有执业经验的辩护律师，否则，法律援助辩护就失去其意义；（4）法律援助辩护案件范围法定化。鉴于法律援助资源的有限性，并尊重被追人辩护方式的自我选择，法律援助辩护并非适用于所有刑事案件，对此，《法律援助法》作出了比《刑事诉讼法》更新、更全的规定。

第一，申请法律援助，是指侦查阶段、审查起诉阶段和审判阶段，被追诉人因经济困难而无力委托辩护律师帮助其进行辩护，由其本人或者近亲属向法律援助机构申请提供辩护律师服务。申请时需要提供经济困难、涉讼案件等资料。需要说明的是，申请并非就能获得法律援助辩护，经审查不符合条件的，法律援助机构将不予批准。对于在押或者被指定居所监视居住的犯罪嫌疑人、被告人，办案机关收到其提出的法律援助申请后，应在24小时内转交所在地的法律援助机构。

第二，通知法律援助，也称为强制指派法律援助，在委托辩护、申请法律援助辩护均不存在的情形下，针对一些特殊的刑事案件。例如，犯罪嫌疑人、被告人系残疾人，或者可能被判处死刑等，为体现保障人权、程序公正等诉讼理念的要求，侦查机关、检察机关和审判机关应当主动通知所在地的法律援助机构为被追诉人指派辩护律师进行辩护。关于通知指派辩护的案件范围，我国《法律援助法》和《刑事诉讼法》均作出了具体规定，但是，通知法律援助范围相对比较狭窄，有必要适时扩大法律援助辩护的范围。以德国为例，在2017年《德国刑事诉讼法典》修改中将强制辩护的范围扩大到所有可能判处一年以上自由刑的案件。鉴于我国刑事司法现状，可以将通知法律援助的案件范围扩大到可能判处3年有期徒刑以上刑罚的案件。

三、值班律师制度述评

在刑事诉讼语境下，值班律师制度一般是指，不区分被追诉人的经济状况和案件类型等，一律由国家财政出资，指派具有一定执业年限和执业经验的律师免费给没有委托辩护人的犯罪嫌疑人、被告人提供咨询、意见等“低保”性质服务的法律援助制度。①

2018年刑事诉讼法修改时，增加了值班律师制度，值班律师制度的基本内涵可以从以下几个方面进行理解②：（1）值班律师制度是对我国辩护制度的重要补充。虽然我国辩护制度比较健全，但是在辩护权的行使上难免会出现空白区或者空白期。例如，犯罪嫌疑人、被告人不懂法律，不善言语，难以行使辩护权，同时，其案件也不符合法律援助辩护的条件，辩护权的保障面临落空的危险，在此情形下，值班律师为这种犯罪嫌疑人、被告人提供法律咨询、申请变更强制措施、向办案机关提出处理意见等辩护律师应当提供的基本的服务，由此可见，值班律师制

---

① 杨波:《论认罪认罚案件中值班律师制度的功能定位》，载《浙江工商大学学报》2018年第3期。

② 国家统一法律职业资格考试辅导用书编辑委员会:《刑事诉讼法》，法律出版社2021年版，第56—58页。

度是辩护制度的有益补充，彰显了刑事司法的文明。（2）值班律师制度是社会救助制度在刑事诉讼中延伸和体现。传统意义上的社会救助主要是针对家庭、生活、就业等领域，随着国家法治建设的深入推进，公众对司法产品的需求越来越多、越来越高，为彰显司法文明，建立值班律师制度，凸显司法领域中的社会救助也便跃然纸上。（3）值班律师在具体案件中的身份不是辩护人，不提供出庭辩护的服务，值班律师的身份属性决定了其只能为犯罪嫌疑人、被告人提供法律咨询等最基本的法律帮助，而不能行使调查取证、出庭辩护等纯粹的辩护性质的诉讼职权，否则，值班律师就等同于辩护律师，值班律师制度的设立也就失去了意义。（4）值班律师制度的适用范围覆盖全部的刑事案件，不限定犯罪嫌疑人、被告人认罪认罚案件。值班律师制度作为社会救助制度在刑事诉讼领域的体现，作为一种"低保"法律帮助，应当具有开放性、普惠性、平等性，不应该有差别对待，因此，值班律师服务全覆盖。

为了保障值班律师发挥有效的法律帮助，应当赋予值班律师相应的职责，刑事诉讼法及其司法解释规定了值班律师以下几个方面的职责或职权：（1）提供法律咨询，在具体个案中，结合案情介绍刑法、刑事诉讼法等法律规定，使犯罪嫌疑人、被告人理解自己所涉案件的性质、可能的法律后果与相应的诉讼程序；（2）引导和帮助犯罪嫌疑人、被告人及其近亲属申请法律援助，转交法律援助申请材料；（3）程序选择建议，即在向犯罪嫌疑人、被告人说明刑事诉讼法规定的不同程序和相应法律后果的基础上，向其提出程序选择的建议。例如，建议犯罪嫌疑人、被告人认罪认罚或者适用速裁程序；（4）申请变更强制措施，为犯罪嫌疑人、被告人向公安司法机关申请变更其强制措施，将拘留、逮捕强制措施变更为取保候审、监视居住等；（5）对案件处理提出意见，即根据案件具体情况，为犯罪嫌疑人、被告人对本案的定罪、量刑和程序适用等问题向办案机关提出处理意见；（6）对犯罪嫌疑人、被告人提出的刑讯逼供、非法取证情形代理申诉、控告；（7）与犯罪嫌疑人、被告人会见。与犯罪嫌疑人、被告人有约见值班律师的权利相对应，值班律师可以会见犯罪嫌疑人、被告人，看守所应当为值班律师会见提供便利。危害国家安全犯罪、恐怖活动犯罪案件，侦查期间值班律师会见在押犯罪嫌疑人的，应当经侦查机关许可；（8）查阅案卷材料。查阅案卷是值班律师了解案情的重要途径。“兼听则明，偏信则暗”，如果值班律师仅凭犯罪嫌疑人、被告人对案情陈述，容易被误导，因为犯罪嫌疑人、被告人对案情可能表达不全、表述有误，或者不会表达，或者故意颠倒黑白，作有利于自己的陈述，这些情形的存在都会抑制值班律师发挥法律帮助的作用。为此，有必要赋予值班律师阅卷权。

值班律师只是犯罪嫌疑人、被告人的法律帮助者，禁止值班律师出庭为犯罪嫌疑人、被告人辩护更表明其并非辩护律师。[①]不过，学术界对此看法并不统一，有人认为值班律师是准辩护人。在笔者看来，这种表述不够准确，因为辩护律师所享有的关键性辩护权利，值班律师都不享有。例如，辩护律师享有的调查取证权、出庭辩护权、上诉权、复制案卷权、非法证据排除申请权、获得通知权等，针对这些核心辩护权，值班律师均不享有。由此可见，从诉讼权利行使的空间和维度看，值班律师与辩护律师相差甚远。

第二节　审级制度[②]

审级制度是诉讼制度的组成部分，是指一起刑事案件进入审判阶段后，先后经过几次审判，判决、裁定即发生法律效力的制度[③]。审级制度是一个

① 姚莉：《认罪认罚程序中值班律师的角色与功能》，载《法商研究》2017 年第 6 期。

② 本部分内容最早发表于拙作《民事诉讼审级制度研究》，现经过修改整理，对刑事诉讼中的审级制度进行论述，参见胡志斌：《民事诉讼审级制度研究》，安徽大学 2003 年硕士学位论文。

③ 刘根菊、张建：《我国刑事审级制度的重新构建》，载《法学论坛》2005 年第 5 期。

国家司法制度的重要内容，不论在刑事诉讼、行政诉讼抑或民事诉讼中，审级制度体现着程序制度的基本理论，实现着对程序公正性的保障。但是，由于不同的诉讼类型有其特异性，不同诉讼类型的程序之间基本原则、价值取向以及主客体和所要达到目的的差异，审级制度也就与不同的诉讼种类相匹配以反映不同的诉讼特点。需要说明的是，由于三大诉讼法关于审级制度的规定是一致的，其基本理念和实际运行基本相同，所以，这里关于审级制度的探讨没有严格局限于刑事诉讼，文中的个别内容涉及民事诉讼。

诉讼的审级制度是指按照法律的规定，一个案件经过几个不同级别法院的审理裁决才产生既判力的制度。刑事诉讼本身的特点以及刑事诉讼的基本理念和所追求的最终目标——公正，决定了刑事诉讼的审级制度应当是多层次的。当然不同国家可以从自身国情出发构建本土化的审级制度，并从历史发展的要求出发不断完善审级制度，以实现司法公正、提高诉讼效率和效益。

一、构建审级制度的基本理念

任何一种刑事审级制度的构建总是与刑事诉讼的基本理念和价值取向有着密切的联系。刑事诉讼作为解决公民、法人和其他组织之间纠纷的一种基本方式，所要达到目的的不仅是纠纷和矛盾的化解和消除，而且强调纠纷的公正解决。可以说，公正这一刑事诉讼的理念不仅是人们共同追求的目标，也是刑事诉讼中最高的诉讼理念。韦伯指出：当一项规则、习惯、命令或制度“具有楷模和必须履行的威望”时，它就是“正当的”。[①] 在刑

① ［美］劳伦斯·M. 弗里德曼：《法律制度——从社会科学角度观察》，李琼英、林欣译，中国政法大学出版社 2004 年版，第 130 页。

事诉讼中，公正既包括实体公正也包括程序公正。从某种意义上来说，刑事诉讼的过程就是通过程序的公正达到实体的公正，以对正义的追求达到正义的结果。

在司法实践中，几乎没有一个国家不是用法律作为规范人们行为的最高规范性文件，并且绝大多数国家都是以法院的裁判作为具有最高法律效力的司法文书来调整和确定当事人之间的实体权利义务关系。要实现司法公正、维系稳定的法治秩序，法官必须保持中立地位，忠于事实、忠于法律，公正裁判，形成一个以审判方公平主持为顶点，以原、被告双方的平等对抗为底边的“等腰三角结构”。法院的裁判体现着法律的权威，体现着国家的意志，这往往成为人们判断司法公正的依据。法院的裁判应当是公正的，因为它是以事实为根据、以法律为准绳作出的。但是，法院的裁判会不可避免地出现这样或那样的错误。这是由于法院的裁判是以审判人员对客观事实进行主观认识为基础来认定事实并依据法律作出的，其受时间、地域、思维、环境等因素的限制，有时会不可避免地导致法院裁判与法律所要求的公平、正义的司法原则相悖，与公正这一刑事诉讼的最高理念不能完全一致。因此，为了使法院裁判尽可能地接近和达到这种法律的终极要求，使当事人能够心悦诚服于法律的最高权威，特别是当法院的裁判缺乏公正性时，为了保证当事人得到公正的判决，各个国家便通过规定审级制度来发现和纠正初审法院的错误裁判。实际上，诉讼法设立审级制度的目的之一就是保证法院裁判的公正与正义，从而实现法律的公正与正义，实现刑事诉讼的最高理念。正如有的学者所说，“裁判的正当性和裁判的终局性是刑事审级制度建构的两大基本目标”。[①]

虽然通过审级制度的构建能够弥补和矫正不公正的裁判，但是应当通过几级法院的裁判才能真正达到实体的公正？对此，没有统一的、科学的

---

① 易延友：《我国刑事审级制度的建构与反思》，载《法学研究》2009年第3期。

标准，似乎审级越多，公正的可能性越大。但实际并非如此，如果一个案件要通过繁多的审级才能被认为是公正的，必然会与诉讼效率原则相违背。高效率必然会带来诉讼的经济，低效率必然会导致诉讼的不经济，甚至是浪费。事实上，诉讼的低效率是对公正理念的一种扭曲。所以各个国家在规定审级制度时必然会兼顾诉讼效率原则。换句话说，与诉讼公正的理念一样，诉讼效率也是刑事诉讼所追求的目标。

在设计审级制度的目标上，诉讼公正与诉讼效率似乎是矛盾的，诉讼公正可能要求尽可能多的审级，而诉讼效率则要求尽可能少的审级，充分体现诉讼效率原则往往会导致对诉讼公正原则的侵犯。因此，要构建一个科学合理的审级制度，关键要在诉讼公正与诉讼效率两者之间找到一个平衡点，使其既能最大限度地维护公正又能达到诉讼的高效率。对于诉讼公正与诉讼效率平衡点的不同设定正是不同国家不同历史时期规定不同审级制度的重要原因。

我们把公正、效率作为刑事诉讼的目标是否可以设计出最佳的审级模式呢？回答是否定的。刑事诉讼还必须讲究效益原则。人们也注意到，所有的制度和规则在实践中都将带来成本和收益，因而作为社会主义经济的主题——最大限度地优化利用资源这一原则也必然要作为法律制度运转的一个基本价值追求。正如美国学者罗伯特·考特和托马斯·尤伦在其所著《法和经济学》一书中所说："法律所创造的规则对不同种类的行为产生隐含的费用，因而这些规则的后果可当作对这些隐含费用的反应加以分析。"[①] 目前，在我国法学界，效益问题已逐渐引起人们的重视。正如我国学者所说："在程序上，法律为人们设定最经济的程序模式，保证人们以最简便的手续，最少的时间耗费，达到预期的法律目的。"[②]

① [美] 罗伯特·考特、托马斯·尤伦：《法和经济学》，格致出版社 2012 年版，第 85 页。
② 葛洪义：《法理学》，中国人民大学出版社 2015 版，第 49 页。

简单地说，诉讼效益的内涵主要是指投入最小的司法资源取得最大的诉讼收益。诉讼效益的理念体现在刑事诉讼审级制度中，就是在该制度的设计时至少要考虑到：第一，并非所有的刑事纠纷都需要我们大动干戈，严格履行一审、二审甚至多审程序才能终结。也就是说不能牺牲过多的司法资源换得司法公正。法律在规制审级制度的同时应明确规定一些案情简单的案件只能实行一审或二审终审，其法理基础就是诉讼效率理念，公正第一、效率第二的诉讼理念要求立法者在审级制度设计时，应当将案件作繁、简区分，确立弹性审级制度，针对“繁”的案件（如死刑案件），破例实行超出基本审级次数的审判；对于“简”的案件（如判处一年以下有期徒刑、拘役、管制或者罚金等），例外实行低于基本审级次数的审判。正如有的学者所言：“刑事审级制度在刑事诉讼中具有不可或缺的独特功能，契合了现代刑事司法制度发展的需要。”[①] 第二，建立上诉权滥用赔偿制度。在刑事诉讼中，当事人行使上诉权的机会或次数直接取决于审级制度的构建，如果实行三审终审制，当事人则享有两次上诉的机会和权利。虽然上诉权只是可能行使的权利，但是这种权利一旦行使，必然会增加司法投入，降低诉讼效益。因此，法律在赋予当事人上诉权的同时，基于诉讼效益原则的考虑，规定当事人必须“有冤喊冤”，不得“无病呻吟”，以弥补司法资源的无味损耗。

二、审级制度的基本形式

基于诉讼公正、诉讼效率和诉讼效益的三重理念的考虑，加之法治环境和法律制度的不同，各个国家对审级制度构建并无统一的立法体例。概括起来主要有三种形式：即一审终审制、二审终审制、三审终审制。

---

① 王超：《西方国家刑事审级制度功能的比较分析》，载《比较法研究》2012 年第 6 期。

（一）审级制度的基本形式

1. 一审终审制度是指一个刑事纠纷案件经过一级法院的审理，裁决一经作出即生效的司法制度。世界上很少有国家把一审终审制作为一项独立的审级制度或主要的审级制度，只是把它作为二审终审的补充和例外。如我国刑事诉讼法规定的依特别程序审理案件就是实行一审终审制。

2. 二审终审制度是指一个刑事案件经过两级法院审判就宣告终结的诉讼制度。在大多数社会主义国家，刑事诉讼的审级制度一般都选择了二审终审制，即对第一审法院的裁判不服的，当事人可以向该法院的上一级法院上诉，综观各国刑事诉讼法，不少国家确立的是两审终审之审级制度，我国刑事诉讼法和人民法院组织法均规定了两审终审制度。

3. 三审终审制是指当事人对第一审法院的裁判不服可以向其上一级法院上诉，若不服二审裁判还可以继续向三审法院上诉，由第三级人民法院作出终审裁判。也就是说，当事人享有两次上诉的权利和机会。美国、英国和日本刑事诉讼法规定实行三审终审制。

（二）二审终审制与三审终审制的比较

如前所述，二审终审制和三审终审制是世界各国目前实行的主要审级制度。

二审终审制与三审终审制孰优孰劣很难有绝对的答案。一些实行三审终审制的西方国家一般都采用相应的补救性措施以克服多审级所带来的诉讼经济弊端。这种做法反映了各国审级制度立法的智慧与经验，值得我们学习和借鉴。笔者认为，在市场经济的大背景之下，诉讼公正的价值目标仍应被推到首要位置，即使以较多的人力、财物和时间作为代价，也必须充分保障判决的公正性。第三审程序的设置也就存在必要性。三审终审制使得初审法院与终审法院保持了较大的距离，在这种审级制度下，初审法院的审判会慎之又慎。另外，由于三审法院与初审法院无直接的业务联系，因业务关系而产生感情的可能性也就小得多，这就使得终审法院更可能排除人情因素及地方保护主义的干扰而公正地依法裁决，实现诉讼的公正目标。

当然三审终审制也并非天衣无缝。三审终审制与二审终审制相比，除了增加诉讼成本之外，往往会造成当事人对一审和二审法院裁判权威性和尊严的质疑，当事人会形成一、二审法院裁判总是错误或欠缺公正的错觉，从而有可能导致案件不论繁简都要“过三关”的不合理局面，从这一点来说，二审终审制确实较为科学。

因此，不同国家或地区都不应实行单一的审级模式，而应从国情出发确立基本的或者弹性的审级制度，针对特殊案件在具备法定条件的情形下准许破例，在保证司法公正的基础上，实现司法效率的诉讼目标。

三、我国审级制度的历史考察

早在西周先秦时期，我国就有审级制度的规定。《尚书·康诰》有云：“要囚服念五六日，至于旬时，丕弊要囚。”孔疏曰：“要察囚情，得其要辞，以断其狱，当须服膺思念之五日六日，次至于十日，远至于三月一时，乃大断之囚要辞。言必反覆。重之如此，乃得无滥故耳。”[①] 意思是，审理完毕后，须经过五六日、十日，甚至三个月，才能制作判决文书。封建时期同样有审级制度的相关规定，以唐朝为例，“限期断狱，始于唐朝”。[②] 唐宪宗元和四年（809 年）九月，因司法机关“决断系囚，过为淹迟”，皇帝敕令：“自今以后，大理寺检断，不得过二十日，刑部覆下不得过十日。

① 《尚书·康诰》。

② 陈光中、沈国峰：《中国古代司法制度》，群众出版社 1984 年版，第 124 页。

如刑部覆有异同，寺司重加不得过十五日，省司量覆不得过七日。如有牒外州府节目及于京城内勘，本推即日以报，牒到后计日数，被勘司却报不得过五日。”[①] 至穆宗长庆元年（821年），大事，大理寺限三十五日详断毕，申刑部，限三十日闻奏。中事，大理寺三十日，刑部二十五日。小事，大理寺二十五日，刑部二十日[②]。这就是唐朝审理刑事案件的“三限”审级制度。宋朝承袭了唐朝三审终审制度，同时又规定对于简单轻微刑事案件实行两审终审，并赋予裁判官审级适用的判断权力。[③] 由皇帝直接差官置司的制勘院，一般由中书刑房立限；特别重要的诏狱由皇帝特旨立限，审刑院和刑部置簿勾考；推勘院则由监司或尚书本曹（刑部）临时立限[④]。到了明朝，法律对审级制度并无明确规定，只是抽象地要求查明案件事实后及时裁判。

1909年清政府的《法院编制法》规定四级三审制，如对初级判决不服，可上诉到地方审判厅；对地方判决不服，可上诉到高等审判厅直至大理院。大理院为最高审判机构，实行推事五人组成的合议审判制度，并有统一解释法律的权力。到民国时期，审级制度基本上是实行三级三审制，对于没有向第二审法院上诉并维持原判的第二审判决不得上诉到第三审法院。除了违反法令即判决不适用法规或适用不当的理由以外，不得对第二审判决加以上诉。在审理的方式和内容上，第三审法院调查第二审判决是否违背法令不受上诉理由的束缚。第三审法院应以第二审判决确定的事实为判决的基础，一般不经过言词辩论。鸦片战争以后，中国逐步沦为半殖民地半封建社会，在这一时期，受西方法律文化的影响，清政府开始修律，刑事诉讼法律开始从刑事实体法律中分离出来，并试图进行审级制度的改革，

---

① 《旧唐书》卷50，《刑法志》。
② 《旧唐书》卷50，《刑法志》。
③ 《宋史》卷199，《刑法一》。
④ 于增尊：《论我国古代刑事审限制度及其启示》，载《中国政法大学学报》2015年第3期。

但此番改革并不彻底，在审判厅之下设置地区，审判程序按照四级三审制进行；审判厅部分设置地区是由州县行政长官负责初审，但第二审改由审判厅进行，府、按察使司以及督抚的司法机能完全丧失，实现了司法和行政的分离；在审判厅未设置地区仍使用逐级审转复核制。行政兼理司法与四级三审制的并用反映出清末司法改革的不彻底性。

中华人民共和国成立后，1950 年 7 月 26 日至 8 月 11 日第一届全国司法会议召开，会议确立了三级两审制，随后政务院于同年 8 月 25 日举行第 47 次政务会议，初步建立了一些基本的审判工作制度，包括三级三审制度。1954 年宪法颁布后，根据其制定了《人民法院组织法》，将人民法院由三级改为四级，实行四级二审制，设置了基层、中级、高级和最高人民法院，并设立了军事、铁路、水运等专门人民法院。至此，人民法院的机构设置和四级二审制一直延续至今。

纵观中国审级制度的历史变迁，可以看出我国现行的刑事审级制度产生于近代，它并没有继承我国古代的审级制度，而是将国外的审级制度吸收进来并加以改革。其实，用历史唯物主义的观点回顾我国的审级制度，可以发现即使在奴隶制社会和封建制社会，当时的审级制度也体现了诉讼对公正的追求。[①]

四、外国审级制度的基本情况

各国的审级制度和上诉制度都有其本国的鲜明特色，繁简不一。纵观西方国家刑事诉讼，刑事审级制度的功能主要体现在纠纷解决和规则治理这两个方面。[②] 在具体的审级模式上，在大陆法系，不少国家规定的

① 胡志斌：《民事诉讼审级制度研究》，安徽大学 2003 年硕士学位论文。
② 王超：《西方国家刑事审级制度功能的比较分析》，载《比较法研究》2012 年第 6 期。

是三审终审，如日本、德国等。这些国家把不同审级法院的审判职能作出了较为具体的分工，不论哪一级法院都应当坚持对事实、法律的全面性审查，但是，不同层级的法院有审判重点的分工，一审法院偏重事实审，二审、三审法院偏重法律审。也有一些大陆法系国家实行两审终审制，并且上诉审实行全面审理原则，不区分事实审和法律审，如罗马尼亚等国家。

在有些国家，如果一审由高等法院审理，二审就由上一级的最高法院来审理，由于最高法院是最高等级的审判机关，所以两审就是终审。由此可见，实行三审终审制的国家，审级制度的适用是弹性的，并非绝对化，而且有些国家对上诉审的对象作出了限制，体现出坚持公正结果追求的同时，适度关切效率的植入。例如，德国的刑事诉讼法明确规定，上诉只能就法律问题提出，这在一定程度上限制了审级的制度。

除具有一定共性外，各国在具体的审级制度上也存在一些特殊之处。例如，在英国，刑事案件的终审机关并不像其他国家一样是法院，而是由承担立法角色的上议院承担刑事案件的终审职能。在美国，其法院组织实行双轨制。此外，在美国，有少数涉及联邦法律问题的案件经过严格的法律审批手续，可以向联邦最高法院提出上诉。

法国的审级制度比较复杂，对于不同的案件有着不同的规定。例如，法国 1993 年的刑事诉讼法规定，当事人对于一审法院的判决，如果不服，可以在规定期限内提出上诉，但是仅限于轻罪法院之判决。对于违警罪法院作出的判决，只有部分可以上诉到上诉法院；对于重罪法院作出的判决，则不能向上诉法院上诉。不过，法国在 2000 年 6 月 15 日的法律改革中确立了对重罪案件转轮上诉或者巡回上诉原则。按照这项原则的规定，重罪一审判决在特定的条件下可以被提出上诉，该条件是重罪由陪审团参与审理，并且陪审人员不得少于 9 人。一旦被告提出上诉，上诉法院依法指定其他重罪法院进行审理，并且实行陪审制，陪审人员同样不得少于9人。[①]

五、我国现行审级制度的评析

（一）实行两审终审制的根据

中华人民共和国成立之初，刑事诉讼就确立了两审终审制，制度设计时有诉讼效率原则的考量，在当时更多的是出于交通困难、出行不便等因素的考虑，如果案件的审级过多，势必影响及时结案，既增加当事人的讼累，又使人民法院花费更多的人力、物力。实行两审终审制，其理由在于避免诉讼拖延，节省人力、物力及财力，便于人民法院办案，便利公民诉讼。公正、及时处理刑事案件是我国刑事诉讼的法定任务，三审终审固然更有利于确保诉讼公正，但诉讼周期势必会被延长，这样自然会增加专门机关和诉讼参与人的诉讼成本。两审终审制的审级制度既符合中国大陆的司法环境，也有利于提高诉讼效率，及时解决刑事纠纷。

（二）我国刑事审级制度的特点

我国两审终审制的确立并非偶然性选择，而是具有一定的历史经验和制度沉淀。早在新民主主义革命时期，根据地就确立了两审终审制，并被证明行之有效，当然，少数案件当时也实行三审。1954年的《人民法院组织法》确立了实行四级法院两审终审的审级制度。1979年、1983年、2018年先后修改公布的《人民法院组织法》沿用了两审终审的规定，1979年通过并经1996年、2012年、2018年三次修改的《刑事诉讼法》确立了以两审终审为原则、一审终审为例外、再审程序为补救的审级制度。

我国的刑事审级制度与前述其他国家和地区的审级制度相比，具有如

① 赵海峰:《法国刑事诉讼法典重大改革评介（续）》，法律出版社2001版，第153页。

下特点：①采用两审终审制。享有上诉权的主体和公诉机关不服一审裁判即可向其上一级人民法院上诉，第二审法院作出的判决即为终审判决。②并非所有的一审法院所作出的判决、裁定都实行两审终审制，基层人民法院、中级人民法院、高级人民法院作出的裁判可以被上诉、抗诉，并实行两审终审，但是最高人民法院无论作出一审判决还是作出二审判决均是终审判决。而其他国家和地区则有相对固定的初审法院、二审法院和终审法院。③二审法院审理的范围没有限制，实行全面审理原则。既包括事实审也包括法律审，不受当事人的上诉请求范围和检察院抗诉范围的限制。④上诉理由的不限定性。即当事人只要对第一审法院判决表示不服，不论是否有充分的证据或理由，也不管是认定事实或适用法律上的错误，均可以以书面或口头形式上诉到上一级人民法院。但其他国家或地区都有一定的限制，如英国刑事诉讼法律规定，“上诉方必须明确列明治安法院在适用法律或者管辖问题上存在的错误”。[①] 再如，按照德国刑事诉讼法的规定，提起上诉不需强制说明理由，二次上诉只能针对法律适用问题提出异议，而且第三审上诉的提起要提出书面申请并附理由。

（三）我国两审终审制的例外和补充

如前文所述，两审终审制度虽然是我国的基本审判制度，但也有一些例外和补充，应该说这些例外和补充也是审级制度的组成部分。它们相互配合与协作共同实现刑事诉讼的根本目标和价值取向——公正。两审终审的例外和补充包括一审终审制和再审制度。

1. 一审终审制。一审终审制是指刑事案件经一级人民法院审理后作出裁决并立即生效的审级制度。在我国，一审终审只有一种情形，即最高人民法院作为第一审法院审理刑事案件后作出裁判为终审裁判，不允许当事

---

① 王以真：《外国刑事诉讼法学》，北京大学出版社 2004 年版，第 243—244 页。

人上诉。

2. 判处死刑的案件，即便经过中级人民法院、高级人民法院的先后两次审理，如果高级人民法院作出维持死刑的裁定或者将死刑缓期两年执行的一审判决改判为死刑，该判决、裁定宣判后并非立即生效，只有经过最高人民法院核准后，死刑判决方可生效。

3. 除最高人民法院外，地方各级人民法院在法定性以下作出判决的，应当依法层报最高人民法院核准后方可生效，这种规定也是两审终审制的例外。

4. 再审制度。再审制度是指因法定机关对生效裁判提出再审或者当事人行使诉权，申请再审，由再审法院再行审理的程序制度。再审程序和监督程序是两个紧密联系的程序，通过监督程序引起再审程序的开始，或者由法定机关对当事人申请再审进行审查，决定是否再审，因而刑事诉讼法在审判监督程序中，对再审程序作了规定。

从维护司法公正的角度来看，作为刑事审判制度的组成部分，再审制度的设计和存在毋庸置疑，但是，从坚持法定的审级制度角度来看，再审程序的存在似乎与二审终审制相悖。如果再审程序被广泛地适用，必然会对二审终审制的适用造成冲击。因此，我们应辩证地看待再审制度和二审终审制的关系，趋利避害，以完善我国的审级制度，实现公正、效率、效益的诉讼目标。首先我们应看到再审程序积极的一面。它是人民司法工作坚持实事求是，有错必纠原则在诉讼程序中的具体体现。审判活动是一种主观见之于客观的活动，办案人员主观认识能力的有限性和办案环境的复杂性决定了个别冤假错案存在的必然性。按照我国《刑事诉讼法》的规定，绝大多数的刑事案件的一审法院为基层法院，而基层法院的司法资源和司法能力却是我国司法体系中较为薄弱地方；因此，一审错误裁判的可能也就较大。按二审终审制的规定，有错必纠的实现在一定程度上只能依赖于二审法院，由于一审法院与二审法院地缘和业务上的相似性，“正本清源”

的纠错功能未必能完全实现。所以，鉴于二审终审的立法体制和有错得不到完全有效纠正的现状，再审制度作为二审终审的必要补充便有了其存在的合理基础。

但是，我们不能简单地认为再审制度是矫正二审终审制在追求司法公正方面固有缺陷的最佳方案。殊不知，再审制度的存在也有其消极的一面，一是它破坏了司法裁判的权威性和严肃性，因为再审变更的是业已生效的判决裁定，而上诉审则不一样，它变更的是一种尚未生效的、处于不确定状态的判决裁定。通过再审，即使维护了公正，但也同时破坏了前面二次审判的司法权威和形象。久而久之，人们对一、二审法院便失去信任，造成一些不应有的上诉和申诉，破坏了正常的诉讼秩序，导致上诉审功能的紊乱与失调。二是再审的广泛适用使得二审终审无法有效施行，有悖诉讼效率和效益原则。

六、我国审级制度的困惑

从前文可知，我国实行二审终审制符合中国国情，并有其存在的理由。但笔者认为这些理由并不能充分有力地证明两审终审制绝对优于三审终审制，同时，在特定的简单、轻微刑事案件审理中，两审终审制也非比一审终审更能凸显公正优先、兼顾效率的刑事诉讼理念。

我国两审终审制已经实行 70 多年，实践证明是成功的，但是能否在保持该项审级制度不变的情况下，建立弹性的三审终审和一审终审，法学界和司法实务部门已经开展理论研究和实践探索，一审终审制已经在民事诉讼的部分案件中得以适用，但是，三审终审一直未被刑事诉讼法、民事诉讼法、行政诉讼法修改时所认可，主要理由就是诉讼成本的提高、诉讼周期延长等，不符合诉讼效率理念或者原则的要求，这种观点显然过多强调诉讼效率的价值功能，不符合公正第一、效率第二诉讼理念的要求。当然，也有人认为，审级偏多不利于社会秩序和法律秩序的稳定，那种以维护社会秩序稳定为出发点而认为三审终审制度会使刑事诉讼关系处于长期不稳定状态的观点已站不住脚，事实上，随着国家、社会和人民经济水平的提升，法治意识的增强，涉案当事人为了获得理想的公正，往往不惜代价孜孜以求，并且多数当事人能承担起涉诉费用，如果制度限制其诉求，反倒引发无谓的申诉、涉诉上访、越级上访等，这同样会不利于社会秩序的和谐稳定，并引发人们对司法权威的质疑。虽然我国刑事诉讼设有审判监督程序，对两审终审制的错误裁判可以进行纠错，正本清源，但不可否认的是，即便再审程序纠正了冤假错案，司法公信力也可能受到一定程度的贬损。

另外，法官队伍的现状能否适应两审终审的要求。两审终审制决定了当事人只有一次上诉的权利和机会，因此，能否维护当事人的合法权益从根本上说取决于法官的专业水平和业务水平的高低。我国较长时间内法官准入机制不完善，两审终审制能否保证个案公正，也难免让人们产生一定质疑。

再有，按照我国管辖制度，一般刑事案件由基层人民法院审理，这就意味着大多数情况下，一审法院、二审法院分别是基层人民法院和中级人民法院。从空间上看，这两级法院具有较亲近的地缘关系。重大、复杂、疑难案件，交由省级高级人民法院进行审理，此时人情干扰因素相对较小，这对于确保司法公正，最大限度满足当事人的诉求具有积极意义。这从侧面反映了，适当的例外对保证司法公正有着积极的意义。

七、我国审级制度的改革愿景

（一）实行有条件的三审终审

我国现行的二审终审制的实施已经历了 70 多年实践检验。毋庸置疑，这一诉讼制度在惩罚犯罪、保障人权方面发挥了重要作用。但是，如前文所述，它也存在诸多现实问题，需要加以改革。关于如何改革，有不少学者认为实行三审终审制是改革的方向，笔者也认为这是大势所趋。从制度价值来看，有条件地实行三审终审制是较为理想的刑事审级制度，可以作为我国刑事审级制度的改革目标。[①]

1. 三审终审的依据

首先，改革审级制度要体现公正原则的要求。公正既是刑事诉讼的出发点，也是刑事诉讼的归宿点，更是刑事诉讼的最高理念，它既包括实体公正也包括程序公正。作为程序制度的重要组成部分，审级制度在实现程序公正方面理应发挥重要作用，因为当事人上诉权的多寡与审级有直接联系。然而，我国现行的二审终审制决定了当事人只有一次通过上诉寻求司法公正的机会，同时也决定了法院在有限的审级限度内也只有一次审判监督的机会。这种程序上潜在的“不公正”性决定了实体公正的不确定性。因此，针对二审终审偶尔无法求得公正结果的这一现状，有必要适当增加审级，以增加当事人追求公正和上级法院发现公正的双重概率。其次，改革二审终审制也要坚持诉讼效率原则。从理论上看，二审终审制比三审终审制更能保证诉讼效率原则的实现，但如前文所列上诉、再审统计数据，二审不一定能终审，也并不能保证诉讼效率原则的实现。实践表明，司法公正目标的最终实现有时不是依赖于二审而是有赖于再审。既然是这种变相的三审制才能使案件真正地终审，那么倒不如使三审制合法化，以改变我国追求高效率与坚持二审终审制无法统一的局面。最后，在重新构建我国审级制度时，也要树立诉讼效益的理念，以最小的司法投入获得司法公正的最大化。比如说，要实行有限的、有弹性的三审制，即并非每件刑事、民事案件不讲条件地都实行三审终审制。第三审的形式和内容也要有别于

---

① 卞建林、李艳玲：《认罪认罚从宽制度适用中的若干问题》，载《法治研究》2021 年第 2 期。

一审和二审，要突出重点、简化程序。在赋予当事人两次上诉权的同时也要实行国家干预主义，防止当事人滥用诉权而耗费司法资源。

公正、效率和效益三者之间的关系如何协调，这又是一个重大而十分复杂的问题。笔者认为在协调三个目标或价值取向时至少要把握这样两点：第一，在设计审级制度所应坚持的理念中，公正、效率和效益应是递次排列的。公正是最高理念，是刑事诉讼的本质反映，任何司法模式如果失去了效率和效益还可以认为是司法模式，但是如果失掉了公正则失去了司法模式的生命。效率应是居第二位的，这决定了刑事诉讼法任务的实现，不讲效率就难以"及时审理刑事案件"。效益应当是第三位的，这取决于一个国家的经济水平，不讲效益将使诉讼付出过高的成本，造成司法资源的浪费。第二，公正、效率、效益在最深刻意义上讲是统一的，它们共同服务于刑事诉讼的目的，在这个意义上讲，三者是没有区别的，如三者都复归于正义。

目前，世界上实行三审终审的国家并非实行绝对的三审终审，即并非每个案件都允许经过三级法院的审理，而是实行有条件的三审终审制，这一制度是具有合理性的。在刑事诉讼中虽然强调赋予当事人最大限度的权利救济机会和手段，但所有案件都实行三审终审，势必会造成诉讼的不经济，降低诉讼效率，而无效率的诉讼程序绝对不是公正的诉讼程序。所以，可根据我国的国情和历史传统，针对原有两审终审制的弊端进行改革，实行以两审终审为原则，辅以有限的三审终审制。

2. 三审上诉的案件范围

正如实行二审终审制时，不少案件实际并不经过二审的道理一样，在实行三审终审之时，向第三审法院上诉也应当受到限制。我国法学界一般将西方各国的上诉审制度理解为三审终审，这只是表明一个案件最多经过三级法院审理，但并非每个案件中当事人都有权提起两次上诉，使案件经历三级法院审理。刑事诉讼法修改完善时可以规定一审被判处10年以上有期徒刑，二审维持原判的赋予被告可以上诉，从而启动三审程序。

3. 第三审实行法律审

不论是刑事诉讼还是行政诉讼、民事诉讼，上诉审就其内容而言，可分为事实审和法律审。事实审是指上诉审的审查内容不仅包括原审裁判对适用法律是否正确的问题进行审查，而且包括对案件事实认定是否正确的问题进行审查。要做到这一点，必须调整“全面审查原则”，具体而言，第一审和第二审都应当坚持全面审查原则，在全面审查的基础上，第一审偏重事实审，第二审偏重法律审。第三审并不实行全面审查原则，而是坚持有限审查原则，并且偏重法律审，除非是上诉或者抗诉主体提出新的影响定罪量刑的证据。同时，对于第二审法院的裁判，诉讼参与人和检察机关也只能针对其中涉及的法律适用问题提出上诉或者抗诉，而无权就案件的事实认定问题要求重新审理。①

4. 第三审应实行书面审

民国时期的第三审就是以二审判决确定的事实为判决基础，并且一般不经过言词辩论。新民主主义革命时期，晋冀鲁豫边区的三级三审制度也规定第三审仅为书面审。由于第三审无须再对事实问题进行审查认定，就无须当事人双方出庭进行言词辩论，仅仅通过对案卷材料的审查即可判断法律的适用是否正确。这不仅保证了公正的实现，更节约了诉讼资源，减轻了当事人的负担，有利于提高诉讼效率。

诚然，刑事三审制客观存在诉讼周期较长、司法效率不高等的不足之处，但其却是被许多国家所采用的司法制度。如果对我国刑事两审制进行适当的审级改造，且辅以具体的审级技术支撑，相比较而言，刑事三审制在我国基本上能够满足公正与效率最大化的效果。②

---

① 陈瑞华:《对两审终审制的反思——从刑事诉讼角度的分析》，载《法学》1999 年第 12 期。

② 宋远升:《刑事三审制为何建立及如何建立：原理与技术》，载《东岳论丛》2018 年第 8 期。

5. 严格控制再审程序的发动

三审终审不是基本的审级制度，而是两审终审的补充或者例外，对其适用应当有严格的条件限制，毕竟三审是建立在降低诉讼效率、增加诉讼成本、弱化当事人对一审、二审公正认知基础上的，可见三审虽是“良药”，但其“副作用”也非常明显。为了最大限度地减少三审程序的启动，应当从以下几个方面加以限制：第一，案件范围的限制。例如，可以三审的案件仅限于判处十五年以上有期徒刑、无期徒刑或死刑的案件；涉及食品药品安全，具有重大社会影响的案件；涉及征地拆迁、生态环保等具有重大社会影响的案件等。第二，引起第三审程序的上诉、抗诉的理由一般针对法律适用明显错误，或者量刑明显不当。第三，第三审法院一般是省、自治区、直辖市高级人民法院，程序启动前，应当先由高级人民法院的相关审判组织进行初查，经审查认为确有必要启动第三审程序的，提请院长提交审判委员会讨论决定。如果审判委员会同意进行三审，实行书面审理，审理期间，合议庭应当讯问被告人，并依法听取检察院和其他诉讼参与人的意见。

（二）速裁程序实行一审终审

刑事诉讼审级制度未来的改革目标并非单一的三审终审制或者固守两审终审制，我国应综合考虑案件类型、刑罚轻重、认罪与否、一审程序是否顺利等因素以及二审程序的价值取向和功能预期，探索构建二元或多元上诉结构，即审级制度，在上诉阶段进一步推进案件繁简分流和司法资源优化配置[①]。在确保裁判公正或者审判质量的前提下，建立速裁程序一审终审制度。速裁一审终审既要以审查起诉质量为前提性保障，也要保证注重审判程序本身的公正。当该诉讼流程有制度予以保障时，建立适用速裁程

---

① 牟绿叶：《我国刑事上诉制度多元化的建构路径》，载《法学研究》2020 年第 2 期。

序案件一审终审的审级制度具有积极意义。[①]

为了体现公正第一、效率第二的诉讼理念，未来再次修改《刑事诉讼法》时，对速裁审判一审终审制度设计至少需要把握以下两个重要的制度节点：第一，在审查起诉阶段，检察院应当落实速裁程序选择和一审终审的释法说理工作，在确认犯罪嫌疑人认罪认罚，同意适用速裁程序并接受一审终审的前提下，签署认罪认罚具结书和一审终审确认书，并在提起公诉时随案件移送人民法院；第二，当庭再次和被告人确认认罪认罚和是否接受一审终审，具体而言，首先由出庭支持公诉的检察人员摘要宣读控诉书，其次由审判员核实被告人对起诉书指控的犯罪事实是否有认可，并逐一核实证据、量刑建议以及适用速裁程序、一审终审的意见，核实具结书、一审终审确认书签署的自愿性、真实性、合法性，并核实附带民事诉讼赔偿等情况。[②]

第三节　审判公开制度

关于审判公开是刑事诉讼基本原则，还是刑事诉讼基本制度，理论界观点不一，多数观点认为是基本原则，为了本著作体例结构的协调，笔者将其置于基本制度中加以阐述，当然，不论是按照基本原则还是按照基本制度探讨，都不影响其功能和规则适用。

18 世纪意大利法学家贝卡利亚在猛烈抨击封建社会拷问、秘密审判和酷刑等制度，极力倡议对刑事制度进行理性主义和人道主义的改革的同时，主张审判应当公开，犯罪的证据应当公开[③]。这一原则所指涉的审判应该有两个层次的公开：一是法庭的审理和判决应当公开（我们通常讲的程序公

---

① 洪浩、寿媛君：《我国刑事速裁程序迈向理性的崭新课题》，载《法学论坛》2017 年第 2 期。

② 胡志斌：《民事诉讼审级制度研究》，载《安徽大学硕士论文》2003 年 5 月 1 日。

③ ［意］贝卡利亚：《论犯罪与刑罚》，黄风译，大百科全书出版社 2008 年版，第 2 页。

开），二是犯罪的证据应当公开。公众可以旁听，新闻媒体可以报道，以此接受社会监督，增强裁判的公信力。

一、审判公开应当向谁公开

所谓的审判公开，是指人民法院审理案件和宣告判决都公开进行，允许公民到法庭旁听，允许新闻记者采访和报道。可见，审判公开的对象应当是社会公众。但是，有人提出了这样的问题：当事人是不是审判公开的对象？并且由此产生了两种不同的观点。基于直接言词审判原则的要求，当事人作为诉讼活动的主体，都要到庭陈述、质证、辩护，依法行使诉讼权利，不应该被排斥在公开审判之外。

从历史渊源来看，审判公开原则是针对封建纠问式诉讼的秘密审判而产生的。在欧洲中世纪，审问被告人是由纠问官来完成的，纠问官根据取得的口供和有关证据制作案卷，移送给审判官来定罪量刑。被告只是审问的客体，是获取证据的来源，而不是积极参与诉讼的主体，所以审判过程不必也不可能向被告人、被害人公开，更不必谈向社会公开。在美国 1948 年 Oliver 案的判决中，对秘密审判有这样的论述："传统的英美法系对秘密审判的不信任可以归因于许多方面。有西班牙的讯问制审判的滥用；有英格兰星座法院对被告不利的证人由法官进行私下调查，而没有给被告提供与其对质的机会，被告经常被严厉拷问，以获得口供；有法国君主制下的国王可以不经审判或不给被告辩解的机会就将其监禁或放逐的权力。这些明显地构成了对自由的威胁。在专制统治者手里，这些都会成为迫害政治上或宗教上异端的工具，完全不考虑被告人的公正审判的权利。"① 正是由

① Kenneth M. Wells & Paul B. Weston, Criminal Procedure and Trial Practice, Prentice-Hall, Inc. Englewood Cliffs, N. J.pp.106-107.

于这种司法专横的泛滥，贝卡利亚才主张，裁判机关的整个审判过程和证据审查判断、使用都应公开化，以便接受社会或者舆论的监督。[①]

在纠问式诉讼模式中，审判活动表现为间接审理，更多的流于形式，在这种审判模式下，直接言词原则缺乏存在的制度基础。审判官只是根据案卷来作出裁决，并不直接审问当事人，当事人没有机会参与裁判制作的过程，也无法主张自己的权利。同时，纠问主义下之审判，以书面审理为原则。既为书面审理，则容许旁听人在法庭旁听，亦不能获悉审理之内容。故以书面审理为原则之纠问主义刑事诉讼，即使采审判公开主义，亦无甚意义。[②]这种审判方式的不合理性，已为历史经验所证明：证人并非自己耳闻目睹，对案件没有临场感官体验，在这种情境下对素不相识的被告人作有罪陈述，自然会引发被告人表情诧异、惊愕或者其他反常表现，或者证人因违背意愿作证而表现出语无伦次，或者为了作伪证而刻意熟背事先编造好的证言，所有这些值得审判官关注的异常现象在纠问式诉讼审判模式下几乎被视而不见。进入法治时代，西方刑事诉讼结构模式从纠问式演变成职权主义或者当事人主义诉讼模式，间接审理被直接审理即直接言词原则所取代。

二、审判公开的中外立法综述

如果说纠问式审判模式下的非公开庭审是专职政治在司法中的体现，那么，在民主政治背景下，审判活动自然需要公开，以便接受监督，其基本逻辑就是民主要求公开，公开可以促进公正，公正可以获得公信，减少不必要的上诉、申诉或缠讼。因此，各国刑事诉讼法普遍规定了审判公开

---

① ［意］贝卡利亚：《论犯罪与刑罚》，黄风译，中国大百科全书出版社2008年版，第20页。

② 黄东熊：《刑事诉讼法论》，台北三民书局1991年版，第22页。

制度或者原则，但是由于具体诉讼制度的差异，这项制度或者原则的具体内容在不同国家法律规定中也表现出一定的个性和差异性。

（一）我国法律关于审判公开的规定

审判公开制度或者原则在我国《宪法》中有原则性的规定，《人民法院组织法》第 7 条规定：“人民法院实行司法公开，法律另有规定的除外。”《刑事诉讼法》从原则规定到具体的审判程序（包括普通审判程序和特别程序）关于审判公开作出了较为全面、具体的规定。另外，特别是对特殊例外情形作出了非常具体的规定。

（二）英国法律关于审判公开的规定

英国资产阶级民主革命成功后，革命时期所倡导的罪刑法定、无罪推定、审判公开等诸多法治或者刑事司法口号写入英国的宪法性文件以及后来的刑事诉讼法中。按照英国法律的规定，开庭审理的案件均应当公开，但是以下情形或者案件不得公开进行：1. 未成年证人出庭对性侵案件进行作证，除审判官、检察官、当事人、辩护律师和特别许可的媒体人外，一般公民不得旁听；2. 涉及国家秘密的各种刑事案件；3. 因扰乱法庭秩序而受到退出法庭甚至藐视法庭罪处理的公民，包括辩护人等被告人以外的诉讼参与人。[①]

（三）美国法律关于审判公开的规定

美国为体现程序公正的审判公开制度或者原则，在相关法律和判例规则中几乎被全面认可，即便是性侵案件，但审判公开也非绝对化。例如，按照美国联邦刑事证据规则的规定，即便公开审理性侵案件，一旦审判进

---

① 程味秋、周士敏：《论审判公开》，载《中国法学》，1998 年第 3 期。

行到某个事实、证据举证、质证环节涉及过度表述犯罪过程，法官可以根据情况随时决定是否继续公开进行，但是，当事人的近亲属一般不受限制。美国的审判公开尺度虽然较大，但在审判独立和媒体传播的关系上却存在一定限制。例如，按照美国法庭规则的要求，在法庭审理进行过程中，法庭内的摄影或无线电广播或者转播则被禁止，否则将以藐视法庭罪追究行为人的刑事责任，虽然庭审过程收到严格的媒体转播限制，但庭审中的证据审查是必须公开的。①

（四）法国重罪法庭庭审实行公开

按照《法国刑事诉讼法》的规定，轻罪法院审理刑事案件时应当公开进行，但是，如果公开审理不利于维护社会公共秩序或者公共善良风俗，法院可以决定不公开进行，相关情况应当在裁判文书中予以写明。但是，关于案件的终局性、实质性的裁判必须对外公开。对于，公开审判的案件，公开的对象存有限制，即不准许未成年人进入法庭进行旁听。对于未成年人的证人、被害人原则上不出庭，确需出庭，应受到特殊保护。②

（五）德国关于审判公开的规定

德国的公开审判制度规定在《德国法院组织法》中，按照该法的规定，审判公开的内容包括开庭前的信息公开、庭审过程的公开以及庭审结束后裁判结果的公开。但是，关于审判信息的媒体传播受到一定的限制，庭审过程不得进行无线电传播，庭审结束后也不得对庭审内容进行媒体加工并于一传播。另外，涉及公共利益保护或者个人隐私的案件，不得公开审判，但结果应当公开宣布。③

---

① 卞建林：《美国联邦刑事诉讼规则和证据规则》，中国政法大学出版社 1996 年版，第 3 页。
② 余叔通、谢朝华：《法国刑事诉讼法典》，中国政法大学出版社 1997 年版，第 123—148 页。
③ ［德］赫尔曼：《德国刑事诉讼法典》，李昌珂译，中国政法大学出版社 1995 年版，第 17 页。

（六）日本在宪法中规定了审判公开

和其他国家关于审判公开的立法规定不同，日本审判公开规定在宪法中，提升了审判公开制度的位阶层次，这或许与日本受英美法系正当程序理念影响至深有一定关系，在传统的大陆法系诉讼模式基础上更偏重当事人主义和正当程序制度的植入。按照日本宪法的规定，法院审理案件应当公开进行，但是，公开审判有碍善良风俗和公众利益的，经合议庭全体成员抑制表决，不公开进行。涉及国家秘密或者政治以及新闻出版领域犯罪案件，也不得公开审理。[①]

（七）意大利法律关于审判公开的规定

相比西方其他国家，意大利关于审判公开制度的规定，更加细致。综合《意大利刑事诉讼法》关于审判公开的零散性规定，该项制度的主要内容包括：第一，审判应当公开，否则裁判无效，以体现程序法定原则要求。第二，法庭公开审理案件，五类人员不得进入法庭旁听，一是不满十八周岁的未成年人；二是精神病人；三是被剥夺或者限制人身自由的人；四是处于麻醉、中毒或者醉酒状态的人；五是因扰乱法庭秩序而被处罚并命令不得再进入法庭的人。第三，审理未成年人案件、涉及国家秘密的案件以及公开审理可能会引发公共安全、公共卫生事件危险的案件。[②]

三、公开审判与新闻报道的关系

成熟的司法公开制度是一个国家法治程度的重要标志，转型时期社会

---

① 《日本国宪法》，载《中外宪法选编》，人民出版社 1982 年版，第 184 页。

② 黄风：《意大利刑事诉讼法典》，中国政法大学出版社 1994 年版，第 170 页。

价值多元，要求司法必须保持与社会沟通，通过对话寻求价值共识。[①]可以说，公开程度越高，司法权的行使就越趋规范，司法公信力也就越强，司法权威也更容易得树立。[②]公开审判与新闻报道是两个不同范畴的问题，一个是法学理论与实践问题，另一个是新闻学理论与实践问题。然而，两者又具有密切关系。一般而言，凡是公开审判的案件，都可以在新闻媒体上公开报道。然而，新闻媒体在对公开审判的案件进行报道时，有一些不易把握的问题，值得研究。特别警惕的“媒体审判”对法院审判的不当干预或不良影响，即媒体超越司法程序抢先对案情作出判断，对涉案人员作出定性、定罪、量刑以及胜诉或败诉等结论，[③]从而误导公众对司法进行预先判断，一旦“媒体审判”与法院裁判出现较大差异，会造成司法公信力的下降。

公开审理案件，除允许公众自由参加旁听外，还允许新闻机构以对法律自负其责的态度如实报道，并在必要时进行电视和广播对审判活动的现场直播。在推行审判公开过程中，庭审直播成为人们关注的焦点，1999年3月26日重庆市綦江县虹桥垮塌事故案公开审理，并进行直播，开启了媒体直播的先河，在全国引起了积极的反响，直播较之转述或评论具有更强的保真度，更宜于社会公众对司法过程的监督。实际上直播无非是扩大了公开审判旁听观众的范围，是公开审判的扩大化，只要是全面的报道，并不会影响法官独立审判。

进入网络或数字新媒体时代，自媒体和官媒体数不胜数，司法机关需要尊重网络或新媒体言论自由，网络或新媒体也应当尊重审判独立，媒体不能“绑架”司法，这就涉及司法与舆论监督的深层次问题。媒体对司法监督的制度保障应集中于两个方面：一是有关部门取消对传媒的不恰当限

---

① 吴英姿：《论司法认同：危机与重建》，载《中国法学》2016年第3期。

② 马怀德：《法治是塑造全球性大国的重要支点》，载《人民论坛》2015年第34期。

③ 魏永征：《新闻传播法教程》，人民大学出版社2006年版，第209页。

制；二是司法机构在实际工作中为传媒的工作提供必要条件。为了回应网络舆情，最高人民法院等机关颁布了《关于司法公开的六项规定》等司法文件，该司法文件特别强调“保障人民群众对人民法院工作的知情权、参与权、表达权和监督权，维护当事人的合法权益，提高司法民主水平，规范司法行为，促进司法公正”。[①] 当然，网络或者媒体不是法外之地，对司法个案或者司法活动的评价不能无中生有，不能造谣、传谣，换言之，司法对媒体可予以宽容，但对于媒体及相关人员恶意造谣滋事，必须依法处理。[②]

① 参见最高人民法院：《关于司法公开的六项规定》，载 http://www.Court.gov.cn/qwfb/sfwj/jd/201003/t20100331_3593.htm，访问时间：2021 年 9 月 26 日。

② 魏永征：《从“新闻侵权”到“媒介侵权”》，载《新闻与传播研究》2014 年第 2 期。

第三章

刑事诉讼程序制度若干问题研究

第一节　刑事诉讼审前程序诉讼化[①]

纵观我国1979年第一部《刑事诉讼法》颁布至2018年《刑事诉讼法》修改以来的刑事诉讼制度嬗变，程序诉讼化一直是条脉络。不论是审前程序，还是审判程序，都若隐若现地表达了立法者遵循诉讼化发展方向的理路。随着保障人权等刑事诉讼理念深入人心并日趋固化为人们评介刑事程序文明程度之尺寸，而对于易发侵犯人权的审前程序的诉讼化改造，无疑具有彰显司法文明的积极意义。

一、刑事诉讼审前程序诉讼化的价值诉求

（一）保障人权

人权是个具有政治、法律、社会等多重内涵的概念。它不是一个本体论问题，而是一个实体问题，因而人权只可能接受来自实践的批判。当然，在刑事诉讼中，关于人权主体的界别，理论界的认识并不统一。有的学者认为刑事诉讼中人权的主体是全体公民，核心是犯罪嫌疑人、被告人。[②]有的学者则认为刑事诉讼中的人权主体是诉讼参与人，特别是犯罪嫌疑人、

① 胡志斌：《刑事诉讼审前程序诉讼化研究》，载《学术界》2014年第4期。

② 龙宗智、杨建广：《刑事诉讼法学》，高等教育出版社2003年版，第67页。

被告人和被害人。[①] 还有的学者认为刑事诉讼中人权的主体是犯罪嫌疑人、被告人和被害人。[②] 笔者于此处探讨的是具体的诉讼法治技术问题，保障人权问题需要置于一个具体诉讼程序即刑事诉讼审前程序之中，基于审前程序中侦（侦查机关）控控诉机关方与犯罪嫌疑人的对立才有讨论的意义，如无特别说明，本章所指涉的人权主体是犯罪嫌疑人。

现代刑事诉讼涉及国家和个人之间的权力与权利的博弈。在刑事诉讼审前程序中，国家可以凭借强大的侦控机关，动用强制性的侦查手段和强制措施来追究犯罪，这不仅使得犯罪嫌疑人难以与之抗衡，更危险的是，侦控机关可能会基于犯罪控制的非理性冲动，忽视人权保障。尽管现代刑事诉讼制度设计并没有将审前的侦查权、控诉权与犯罪嫌疑人的诉讼权利绝对地对立起来，并强调侦控机关有义务保护犯罪嫌疑人的正当权益。但在控制程序缺失或控制乏力的情况下，控辩双方诉讼角色的对立难免会趋导侦控机关走向人权保障的反面。因此，刑事诉讼审前程序诉讼化的重要价值之一就在于，它能够在很大程度上抑制侦控机关的恣意性行为。

（二）控辩平衡

现代法治国家强调刑事诉讼中的控辩平衡，即要实现个人权利与国家权力的平衡控辩关系的定位取决于国家治理犯罪的政治司法态度，并与保障人权理念呈正向关系，即人权保障意欲越强，控辩力量越趋于平衡，诉讼程序的构造会更加注重犯罪嫌疑人、被告人等诉讼主体参与诉讼的广度和深度。所以，控辩平衡的重心在于保障和强化辩方的防御能力，以免诉讼结构发生倾斜或失衡。基于对控辩平衡价值的青睐和求索，

---

① 陈光中、徐静村：《刑事诉讼法学》，中国政法大学出版社 2010 年版，第 36 页。

② 谭世贵：《刑事诉讼法学》，法律出版社 2016 年版，第 18 页。

实行当事人主义诉讼构造的英美法系国家更是将程序正当置于整个诉讼程序设计优先坚守的诉讼理念。尽管大陆法系国家传统上奉行职权主义的诉讼模式，它们也在借鉴英美法系国家程序正当的合理内核，控辩平衡的结构渐次强化。

控辩力量的平衡不只是审判程序的内在要求，它也需要在审前程序中予以适度的表达。尽管审前程序不是案件实体性问题的裁判阶段，但由于侦控机关与被追究者诉讼力量的天然悬殊，因此，有必要对侦控机关影响犯罪嫌疑人权益的程序性决定进行诉讼化的构造，这样便可以在侦控机关追究犯罪的流程中增加了一道道“跨栏”或“减速器”，以缓冲其权力“惯性”，使控辩双方诉讼力量趋衡或平衡，这样既彰显刑事司法的谦抑性，也能够为犯罪嫌疑人提供更多的维权或话语机会，同时还能够保证审前诉讼的质量。当然，在促进控辩趋衡或平衡的诉讼化模式设计上，则取决于一个国家的刑事诉讼目的、结构以及刑事司法政策。

（三）诉讼效益

诉讼效益，有的学者又称之为诉讼效率[①]。在传统的法学意识形态中，效益并没有法哲学价值。但是，随着20世纪70年代以波斯纳为代表的经济分析法学派的崛起，效益问题逐渐被人们所重视[②]，“以效益作为法律分配权利和义务的标准开始融入到现代立法精神之中”。[③]具体到司法领域，

---

① 在一些专家看来，效率与效益似可同等使用。例如，王利明教授认为，效率也称为效益。参见王利明：《司法改革研究》，法律出版社2001年版，第74页。但笔者认为二者还是有所区别，效率侧重于强调人类社会活动的过程价值，具有时间的属性。而效益则侧重于强调人类社会活动的结果价值，除了时间的属性之外，还可能包括政治、法律和社会等属性。参见姚莉：《司法效率：理论分析与制度构建》，载《法商研究》2006年第3期。陈光中教授基本上也持这种观点。他认为，“效益在狭义上一般称为效率”，可见效益的外延大于效率。参见陈光中、徐静村：《刑事诉讼法学》，中国政法大学出版社2010年版，第43页。

② 樊纲：《经济文论》，生活·读书·新知三联书店1995年版，第5页。

③ 顾培东：《社会冲突与诉讼机制》，四川人民出版社1991年版，第99页。

由于“司法资源是有限财”[①]，为此，应当保证司法资源“能在最少阻碍和浪费条件下尽可能多地给予公众的满足”。[②]但这里所讲效益仅指经济学意义上的“成本 / 收益”。需要指出的是，立足中国的政治和法治国情，诉讼效益除了经济学意义上的司法效益（或司法效率）之外，还包括司法的政治效益和社会效益，即当下我国司法管理者强调的司法要实现法律效果、政治效果和社会效果的统一。

“诉讼效益要求诉讼方式的经济性选择”[③]，所以，在刑事诉讼审前程序中，关乎当事人权益的决策机制除了应当考虑控辩平衡和保障人权的价值诉求之外，还应当兼顾诉讼效益理念的融入。为统筹这三种诉讼价值，审前程序诉讼化无疑是个较好的策略选择。诉讼化的审前程序决策机制不仅有益于保障人权和控辩平衡，而且因为有了第三者的参与和监督，审前程序决策质量也会大为提高，从而可以有效避免因审前决策的瑕疵而造成的程序反复和时滞，这无疑有益于保证司法效率和司法的法律效果。正如波斯纳所言：“司法程序的目标从经济上看是为了减少错误判决的代价和直接的程序代价。”[④]但值得注意的是，过多的诉讼化结构必然会使审前程序的繁文缛节增多，尽管司法的法律效果有所保障，但司法的政治治罪效果和社会效果必然会因此而下降，并最终导致司法效益的降低。[⑤]

二、刑事诉讼审前程序诉讼化的构造模式

根据审前程序诉讼化结构中的“裁判方”组织性质及其与侦控机关的

---

① 林钰雄：《刑事诉讼法》，中国人民大学出版社 2005 年版，第 197 页。

② ［美］罗·庞德：《通过法律的社会控制》，商务印书馆 1984 年版，第 35 页。

③ 龙宗智：《相对合理性》，中国政法大学出版社 1999 年版，第 200 页。

④ POSNER Richard A. An Economic Approach to Legal Procedure and Judicial Administration .Journal of Legal Studies，1973（2）：96–99.

⑤ 胡志斌：《刑事诉讼审前程序诉讼化研究》，载《学术界》2014 年第 4 期。

关系，可以将其分为诉讼和准诉讼两种模式，不同的构造模式体现出立法者不同的诉讼价值取向。

（一）诉讼模式

审前程序之诉讼模式的核心是将法院作为审前程序诉讼化结构中的裁判者，这是一种严格意义上的审前程序诉讼化构造。这种模式的突出优点在于：首先，它将关乎犯罪嫌疑人合法权益的程序性决定纳入司法审查的范围，从而有利于保障人权这一诉讼价值的实现，在理论上，审前程序的诉讼模式构造越多，越能凸显刑事诉讼保障人权的司法理念；其次，因审前程序性决定有了法院的司法审查，不仅可以防范侦控机关的恣意性行为，使控辩双方的力量差距趋小，从而有益于控辩平衡价值诉求的实现；最后，审前程序的诉讼构造还有益于提高审前的诉讼质量或司法的法律效果。但审前程序诉讼模式也有其弊端，第一，要彰显上述优点，必然要求审前程序诉讼模式的最大化，而这对于诉讼效益的价值诉求来说，又会适得其反；第二，法院过多、过早的介入审前程序，容易使其先入为主形成偏见，从而影响审判阶段的公正裁判，除非审前程序司法审查的法院与审判阶段的法院是彼此独立的。

（二）准诉讼模式

在审前程序的准诉讼模式中，“裁判方”并非法院，而是与侦控方具有一定组织关系的其他机构或者没有组织关系的其他法定主体。根据“裁判方”的组织性质及其与侦控机关的关系，可以将准诉讼模式分为侦控机关系统内“准诉讼”（下文简称“系统内‘准诉讼’”）和侦控机关系统外“准诉讼”（下文简称“系统外‘准诉讼’”）两种形式。

1. 系统内“准诉讼”[①]。这种审前程序诉讼化模式是指在审前程序中，侦控机关意欲对犯罪嫌疑人采取逮捕等强制性措施或者对其财产采取查封、扣押等侦查措施，以及侦控机关的其他诉讼活动可能会影响到当事人尤其是犯罪嫌疑人人身、财产等合法权益以及诉讼权利时，依法由上一级侦控机关或者其内部的其他机构“居间”依法进行审查，以决定是否采取相应的措施或行为。很显然，系统内“准诉讼”是由侦控机关、犯罪嫌疑人、上级侦控机关或者其内设的其他机构三方构成的诉讼化结构，三者分别相当于控诉方、辩护方、裁判方位置。这种诉讼化结构为犯罪嫌疑人人权保障提供了可能，保障人权的实然性及其程度还要取决于三方构造中各方关系的松弛程度，尤其是处于辩护方的嫌疑人话语权的大小。据此，可以将系统内“准诉讼”又分为弱性系统内“准诉讼”和强性系统内“准诉讼”。前者是指系统内上级侦控机关或者其内设的其他机构对于侦控者报请的对犯罪嫌疑人采取强制措施等审前诉讼行为，一般仅通过书面审查的方式作出批复，无须听取犯罪嫌疑人及其委托的人的意见。而后者的上级侦控机关或者其内设的其他机构作出决定前，需要依法听取侦控者和犯罪嫌疑人的意见。从理论上看，后者的诉讼化色彩更浓，但是，在立法上究竟采用哪种形式，通常取决于一个国家诉讼意识形态和某一时期的刑事司法政策。

事实上，两种不同形式的系统内“准诉讼”，各有其优点和不足。就弱性系统内“准诉讼”而言，其优点在于诉讼效益较高，不仅可以节约司法资源，凸显司法经济效益，而且能够表现出司法对政治的积极回应，从而体现出良好的司法政治效益，但其弊端也是显而易见的。首先，它没有充分地听犯罪嫌疑人及其辩护人的意见，容易“偏信”侦控者报送

---

① 对“准诉讼”，也有学者认为是一种“审批”。参见项谷、姜伟：《人权保障观念下羁押必要性审查制度的诉讼化构造》，载《政治与法律》2012 年第 10 期，第 35 页。尽管审批者与请示者属于一个国家机关系统或部门，但毕竟审批活动涉及三方的权力（利）义务，具有诉讼的基本雏形，在本文语境下，笔者将其纳入诉讼化问题一并讨论。

的一纸诉讼文书，从而淡化甚至忽略了犯罪嫌疑人人权的保护，使得三方诉讼结构形同虚设；其次，弱性系统内“准诉讼”难以将控辩平衡诉讼原理的内在要求表达出来，致使这种诉讼结构呈现出“倒三角形”的样态，似有上下级侦控机关或者侦控机关的“兄弟机构”联手对付嫌疑人的姿态。强性系统内“准诉讼”的优点在于能够在一定程度上尊重犯罪嫌疑人的人权和诉讼话语权，并有缓和控辩对抗的作用，同时也有益于防范审前程序性决策的失误。但强性系统内“准诉讼”也有其弊端，它不仅容易延长审前阶段的诉讼周期，降低司法效率，还会影响刑事诉讼的政治效果和社会效果。

2. 系统外“准诉讼”。这种审前程序“准诉讼”模式是指在审前程序中，侦控机关的诉讼行为影响或可能影响到犯罪嫌疑人的人身、财产以及其他合法权益时，由系统外的其他国家机关“居中”决定是否可以实施该行为。和系统内“准诉讼”模式不同的是，系统外“准诉讼”中的“裁判方”不是侦控机关的上级机关或其内设的其他机构，而是侦控机关之外的其他诉讼主体。

按照系统外“准诉讼”中诉讼化程度的强弱不同，可以将其分为强性系统外“准诉讼”和弱性系统外“准诉讼”。前者是指侦控机关意欲对犯罪嫌疑人采取强制性措施、侦查措施或者实施其他关涉犯罪嫌疑人权益的行为前，由侦控机关以外的其他组织依法在控辩双方都在场的情况下，类似法院开庭审理案件的形式，通过双方举证、质证和辩论，依法决定是否准许侦控机关实施该行为。强性系统外“准诉讼”程序主要适用于犯罪嫌疑人人身自由权等基本权利的程序性剥夺和限制问题，较好地体现了对犯罪嫌疑人人权的充分尊重和保障。当然，这种“准诉讼”模式因偏重犯罪嫌疑人人权保障，在特定时期难以体现国家打击犯罪的治理目标，并在保护被害人权益方面表现出犹豫和时滞，因而难以实现诉讼效益的最大化。

弱性系统外“准诉讼”是指侦控机关拟采取强制性措施、侦查措施或者实施其他影响犯罪嫌疑人权益的行为时，“居中”的“裁判方”通过阅读卷宗、会见犯罪嫌疑人、听取侦控机关以及辩护人意见等，依法对某种程序性问题作出判断。这种“准诉讼”模式既体现了人权保障、控辩平衡诉讼理念的要求，又表现出一定的快捷性，能够较好地兼顾诉讼效益原理的要求。但这种看似“折衷主义”的诉讼化构造模式也有其弊端，特别是在“裁判方”和侦控机关存在法定配合关系时，彼此之间诉讼行为的“友情”互认，容易使这种“准诉讼”程序被虚置。

较之系统内“准诉讼”，系统外“准诉讼”的进步价值在于它在很大程度上可以减少“准诉讼”中诉讼自洽的可能性，使审前程序的诉讼化程度更深了一步。但不可否认，系统外“准诉讼”使侦查程序因系统外的第三者介入，不仅容易迟滞，而且也容易因侦控方与“裁判方”因为在事实和法律认定方面存在分歧，造成打击犯罪力量的分散，这显然与诉讼效益的价值诉求不相吻合。再有，如果侦控方与“裁判方”存在法定的诉讼配合关系，系统外“准诉讼”模式相对于强性系统内“准诉讼”，其进步性则明显甚微。

三、域外刑事诉讼审前程序诉讼化的评介

虽然刑事诉讼审前程序的设计受一个国家法治意识形态等因素的影响，具有一定的地域性、政治性、历史性和民族性。但是，在保障人权、控辩平衡和诉讼效益的价值诉求上都有着或多或少的共同取向。考察域外法治较为成熟国家刑事诉讼审前程序的诉讼化实践，有益于更理性地认识审前程序诉讼化问题。

（一）审前羁押或人身限制程序诉讼化的表现

在英国和美国，刑事诉讼审前的逮捕均分为有证逮捕和无证逮捕两种。

对于有证逮捕，两个国家的法律都规定必须由法官签发，而且通常需要举行听证会，是一种较典型的诉讼模式构造。对于无证逮捕，两国规定也具有共似性，主要适用于嫌疑人的罪行过于严重且情况比较紧急，逮捕由侦查机关自行决定。在英国，对于无证逮捕的，羁押期限不得超过 36 小时。期间届满，需要继续羁押犯罪嫌疑人的，必须向治安法院申请签发“进一步羁押的令状”，一般要举行听证，警察与犯罪嫌疑人都必须参加，并可以相互举证和辩论。为体现控辩平衡，对于特殊困难的犯罪嫌疑人，还可以获得治安法院指定的免费律师服务。在美国，对于无证逮捕之后，警察机关应当向司法官提出羁押申请，而且也需要举行听证。[①] 可见，对于无证逮捕之后的羁押问题，英、美两国的诉讼程序规定也都实行诉讼模式的构造。

在法国，按照司法警察的法定职权，如果需要在刑事诉讼程序未正式启动之前传唤和拘留犯罪嫌疑人，需要获得检察官的批准，显然，这是一种“准诉讼”的审前程序诉讼化构造。而在侦查程序正式开始后，如果需要对嫌疑人采取人身强制性措施，侦办警察应向预审法官提出书面请求，由预审法官自行决定对嫌疑人采取强制措施，并由警察予以执行，[②] 表现出诉讼模式的审前程序构造。在德国，在侦查程序中，除非遇紧急情况，对犯罪嫌疑人决定拘留、羁押、主持宣誓、检查身体、抽检血液以及暂时收容观察等强制性措施，必须获得法官的认可或同意。[③] 在意大利，也有类似的规定，在提起刑事诉讼之前，对于强制措施的适用、撤销以及执行方式的变更等由负责初步侦查的法官作出。[④] 可见，德国和意大利两国的审前羁押或人身限制程序也实行诉讼模式的构造。在比利时，针对正在实施

---

① John Sprack, Criminal Procedure, Blackstone Press Limited, 1997, pp.8-29.

② 《法国刑事诉讼法典》第 14 条。

③ 《德国刑事诉讼法典》第 79 条、第 81 条、第 115 条、第 117 条。

④ 《意大利刑事诉讼法典》第 279 条、第 352 条。

犯罪的人，警察拥有即时逮捕的权力，不实行诉讼化的构造。而对于其他嫌犯需要逮捕的，需要报检察官批准，表现出弱性系统外“准诉讼”的特点。如果羁押时间超过 24 小时的，还必须由检察官再报预审法官决定，预审法官决定前必须审问被告，以决定应否签发羁押令。[①] 这种规定又表现出诉讼模式的构造。在葡萄牙，其规定与比利时基本相同，只是规定逮捕超过 48 小时的，才由法官审查批准。[②]

在俄罗斯，对于一般性的刑事犯罪案件，审前对犯罪嫌疑人羁押或人身自由限制表现为弱性系统外“准诉讼”模式，即侦查人员和调查人员需要剥夺或限制嫌疑人自由的，应当与检察长协商，并获得认可。而对于法定的侦查行为（主要是针对非常严重的刑事犯罪），如果剥夺或限制犯罪嫌疑人人身自由的，由法院审查决定，即采用诉讼模式。另外，法律还规定犯罪嫌疑人、辩护人等对羁押和延长羁押的决定不服的，可以向羁押地法院申诉。[③]

（二）搜查和扣押行为诉讼化的构造

在国外，搜查和扣押多采用诉讼模式。在美国，侦查人员采用有证搜查的，必须经过中立的司法官事前批准并签发搜查证。英国同样如此，警察需要入户进行搜查的，必须要向治安法官提出申请，获得搜查令状后，方可进入某人住处进行搜查。[④] 在法国，警察入户搜查和扣押相关物品以及邮件也必须有预审法官的授权。[⑤] 意大利不仅规定了扣押的司法批准程序，而且规定了对扣押物的查封、保管、开拆、期限、返还等申请复查、

---

① 《比利时刑事诉讼法典》第 180 条。

② 《葡萄牙刑事诉讼法典》第 416 条。

③ 《俄罗斯联邦刑事诉讼法典》第 220.1 条和第 220.2 条。

④ 《英国警察与刑事证据法》第 8 条。

⑤ 《法国刑事诉讼法典》第 100 条。

上诉等救济程序。[①] 在比利时，搜查和扣押如果是在公共场所，可以由警察依职权或者按照检察官的指令进行。但如果在私人处所进行，只能根据预审法官签发的命令进行。对于邮件的查扣，比利时法律规定只有经过预审法官的命令才能作出。[②]在俄罗斯，侦查过程中不经过住户同意勘验住宅、在住宅里进行搜查和提取、提取物品和含有关于在银行和其他信贷机构的存款和账户信息的文件、扣押邮件和在邮件机构提取邮件、扣押财产等，均应当经检察长同意后向法院提出申请，由法院作出决定才可以进行 [③]

（三）请求起诉或起诉程序的诉讼化模式

国外关于审前起诉程序或侦查机关请求起诉程序的诉讼化设计并不一致，有的国家采取弱性系统外“准诉讼”的构造模式，并辅以诉讼模式作为救济性的手段，如英国、美国、德国、日本等。而有的国家采用强制系统外“准诉讼”构造模式，如意大利、俄罗斯等。在英国，对于检察官决定不起诉的案件，警察只能将其撤销。对于需要补充证据的案件，检察官则可以要求警察补充调查证据，直至满足检察官的要求为止。在美国，不仅控辩双方的辩诉交易合法化 [④]，而且其中也不乏法官的介入。虽然《美国联邦刑事诉讼规则》禁止法官参与辩诉交易。但在有些州，法官参与辩诉交易甚至已经制度化，表现出诉讼模式的特征。法官介入辩诉交易的目的在于使被告人获得平等的协商机会以及将来在全面认定事实的基础上对被告人判处适当的刑罚。[⑤] 在德国，如果检察官决定中止诉讼，被害人有权将检察官作出的决定提交中立法庭审查是否定应当起诉，以此对被害人控

---

① 《意大利刑事诉讼法典》第 259—264 条，第 316—325 条。

② 《比利时刑事诉讼法典》第 185 条。

③ 《俄罗斯联邦刑事诉讼法典》第 230 条。

④ 《美国联邦刑事诉讼规则》第 11 条。

⑤ 王以真：《外国刑事诉讼法学》，北京大学出版社 2004 年版，第 374 页。

诉性权利的承认和保护。[①] 在日本，对于《刑法》第193条至第196条（滥用职权）和违反其《防止破坏活动法》第45条（警察调查官滥用职权）犯罪的人，如果检察官决定不起诉，可请求地方法院依法确定是否交付法院审判。为了体现控辩平衡，日本刑事诉讼法规定了证据展示制度[②]，要求控方应将起诉的证据在审前提交辩方，以便于有针对性辩护。在意大利，对于告诉才追诉的案件，检察官需同时传唤告诉人和被告诉人到场，同时通知他们可以要求律师到场。[③] 在俄罗斯，在决定终结侦查进入起诉程序时，侦查人员应当告知刑事被告人有权请求进行是否起诉的审前听证，听证由检察机关主持。决定起诉后，侦查人员在起诉书上签字后，再提交检察长进行审查。[④]

四、我国2018年刑诉法修改前刑事诉讼审前程序诉讼化的嬗变

考察我国刑事诉讼审前程序诉讼化的嬗变，大致经历了一个从基本无诉讼化到1979年第一部刑事诉讼法典中无诉讼化、系统内“准诉讼”和系统外“准诉讼”并存，再到1996年、2012年刑事诉讼法典修改时“准诉讼”渐次强化的演进，具体发展轨迹如下。

从狭义法的角度看，中华人民共和国成立后的近30年，我国没有刑事诉讼法典。这一时期的刑事诉讼活动主要依据1951年的《人民法院暂行组织条例》《最高人民检察署暂行组织条例》以及1954年的《人民法院组织法》《人民检察院组织法》《拘留逮捕条例》等。囿于立法技术、刑事司法经验以及司法政治环境等因素的制约，这些零散的刑事诉讼法

① 《德国刑事诉讼法典》第170—177条。

② 《日本刑事诉讼法》第299条。

③ 王以真：《外国刑事诉讼法学》，北京大学出版社2004年版，第277页。

④ 王以真：《外国刑事诉讼法学》，北京大学出版社2004年版，第417—418页。

律文件没有也难以就刑事诉讼的程序问题作出完美符合传统诉讼原理的规定。但客观地分析，这些法律渊源意义上的规范文件中还是存在某些具有诉讼化色彩的审前程序规定。就逮捕而言，相关法律文件规定，公安机关认为需要逮捕犯罪分子的，需要提请检察院批准，这实际上就是一种弱性系统外“准诉讼”的审前程序决定模式。对于公安机关侦查终结后移送起诉的案件，检察院的审查起诉同样具有弱性系统外“准诉讼”特征。其后的很长一段时间，刑事诉讼并无方法进展，可以说在 1979 年第一部刑事诉讼法典颁布前，我国刑事诉讼审前程序基本上不存在诉讼化的构造模式。

1979 年的刑事诉讼法典作为我国的第一部诉讼法典，不论是在审前程序还是在审判程序中，诉讼化的因素都有所体现。就审前程序而言，诉讼化主要表现在以下几个诉讼程序或诉讼环节中。

第一，逮捕措施的诉讼化表现。在公诉案件的侦查阶段，公安机关需要逮捕犯罪嫌疑人时，必须经过检察机关批准。从审前程序诉讼化的角度看，逮捕的批准程序呈现弱性系统外“准诉讼”模式。具体表现为：一是侦查机关认为犯罪嫌疑人符合逮捕条件，适用限制性的强制措施（取保候审等）无法确保侦查活动顺利进行，需要向同地区、同级别的人民检察院提请批准，提请方式是书面形式，而且所有案卷材料全部移交，但无须侦查人员和犯罪嫌疑人同时到场进行逮捕必要性的辩论。二是对县级以上人大代表的逮捕程序也体现出弱性系统外“准诉讼”结构。按照《宪法》和《地方各级人民代表大会和地方各级人民政府组织法》关于人民代表大会组织结构的规定，对县级以上人大代表的逮捕必须经过该级人大主席团或人大常委会批准。

第二，侦查措施适用中的诉讼化表现。按照 1979 年《刑事诉讼法》的规定，多数侦查措施由侦查机关自行决定，不具备三方诉讼化的形式。但也有个别侦查措施的适用表现出弱性系统内“准诉讼”结构。例如，“……

经公安局局长批准，自以进行侦查实验……”“……公安机关发布通缉令不能超出自己的管辖地区，如果需要超出，根据超出范围的大小，报请对应管辖区域的上级公安机关批准并由该上级公安机关发布”等。

第三，侦查期间延长的诉讼化表现。从保障人权和诉讼效益的角度看，侦查机关对侦查期间的延长，意味着这两种审前程序价值诉求的弱化。对此，1979 年《刑事诉讼法》第 92 条的规定表现出弱性系统外“准诉讼”的结构特征，以此对侦查期间延长作出了一定的限制，即“对被告人在侦查中的羁押期限不得超过二个月。案情复杂、期限届满不能终结的案件，可以经上一级人民检察院批准延长一个月……”

第四，审查起诉的诉讼化表现。按照 1979 年《刑事诉讼法》第 98 条的规定：“人民检察院审查案件，应当讯问被告人。”但法律并没有要求侦查人员到场“对簿公堂”，所以，侦查机关追诉犯罪的角度，审查起诉属于一种弱性系统外“准诉讼”结构。另外，对于检察院作出不起诉的决定，意味着检察机关支持或保护了犯罪嫌疑方的人权，但这无形中又与侦查方或被害方在不起诉问题上形成了对立，为此，1979 年《刑事诉讼法》第 102 条至第 104 条规定，公安机关不服的，可以向上一级人民检察院提请复核；被害人不服的，可以向检察院申诉。可见，在是否起诉问题上，立法表现出弱性系统内“准诉讼”的结构。

与 1979 年《刑事诉讼法》相比，1996 年、2012 年、2018 年修改的《刑事诉讼法》在整体上强化了保障人权、控辩平衡、诉讼效益等诉讼理念，但审前程序诉讼化的进步并不凸显，除保留了 1979 年《刑事诉讼法》中原有的诉讼化构造外，仅在审查起诉程序中强化了系统外“准诉讼”的构造，即在原来的“人民检察院审查案件，应当讯问被告人”规定的基础上，增加了“听取被害人和犯罪嫌疑人、被害人委托的人的意见”。

五、我国2018年刑诉法修改中审前程序诉讼化的表现

2018年刑事诉讼法典的修改既传承了1996年《刑事诉讼法》中几乎所有的审前程序诉讼化结构，同时又在强制性措施、侦查措施、证据行为以及审查起诉等方面有所进步。

第一，强制性措施适用的诉讼化程度加强。首先，在监视居住适用的诉讼化方面，2018年修改后的《刑事诉讼法》不仅对适用条件、执行场所等事宜作出了更加全面细致的规定，而且第75条增加了侦查机关改变可能对犯罪嫌疑人不利的法定执行场所，必须经过上级机关批准，这使得监视居住的适用具有了弱性系统内“准诉讼”结构。其次，为强化控辩平衡和保障人权，在逮捕强制措施适用上，突出了强性系统外“准诉讼”的结构。一是检察院审查批准逮捕的诉讼化因素增多，修改后的《刑事诉讼法》88条第2款规定：“人民检察院审查批准逮捕，可以询问证人等诉讼参与人，听取辩护律师的意见；辩护律师提出要求的，应当听取辩护律师的意见。”二是逮捕措施执行的诉讼化。修改后的《刑事诉讼法》第95条规定：“犯罪嫌疑人、被告人被逮捕后，人民检察院仍应当对羁押的必要性进行审查……”逮捕程序的诉讼化构造的强化，有利于保障犯罪嫌疑人人权。

第二，侦查措施适用及其监督程序的诉讼化。一是新增加的技术侦查手段采取了弱性系统内“准诉讼”的构造模式，即必须要经过严格的内部审批。二是规定了弱性系统内“准诉讼”的警察卧底侦查措施的适用程序，即要求该项侦查手段的适用必须经过公安机关负责人决定。三是规定了对侦查机关侦查行为或者手段的诉讼化的监督机制。例如，修改后的《刑事诉讼法》第49条规定：“辩护人、诉讼代理人认为公安机关……及其工作人员阻碍其依法行使诉讼权利的，有权向同级或者上一级人民检察院申诉或者控告……”第117条还规定了当事人及其辩护律师、诉讼代理人对侦

查机关"对与案件无关的财物采取查封、扣押、冻结措施"和"应当解除查封、扣押、冻结不解除"的侦查行为，可以向检察院申诉。这些规定均体现了对侦查措施适用及其监督机制的弱性系统外"准诉讼"构造理念。

第三，证据行为的诉讼化得以确立。根据2018年修改后的《刑事诉讼法》规定检察院对侦查机关的取证行为依法履行监督职责，不论是犯罪嫌疑人，还是辩护律师，在发现非法取证线索（非法取证人员、非取证时间、非法取证地点、非法取证方式等），有权向侦查机关所在地的人民检察院提出申诉、控告或者举报，只要有明确的线索或者材料，人民检察院应当依法调查处理。显然，这是一种弱性系统外"准诉讼"的证据监督程序机制。

第四，审查起诉的诉讼化更加突出。根据2018年修改后的《刑事诉讼法》规定不论是侦查机关移送的案件，还是监察机关移送的案件，接受移送的人民检察院都应当在书面审查卷宗材料的同时，讯问犯罪嫌疑人，除此之外，还应当听取被害人及其诉讼代理人的意见，更应当听取犯罪嫌疑人及其辩护人的意见，对于双方提交的书面意见材料，人民检察院应当将其附入案卷材料。与2018年修改前的《刑事诉讼法》相比，该项规定强化了检察院讯问犯罪嫌疑人和听取有关人员意见的程序要求，即诉讼参与人的意见应当记录在案。这种修改使得有关审查起诉的强性系统外"准诉讼"构造更加突出，从而有利于保证诉讼参与人的权利和提高公诉质量。

六、我国刑事诉讼审前程序诉讼化的未来发展

（一）审前程序诉讼化未来发展的必要性

通过前文的分析，可以看出我国刑事诉讼审前程序诉讼化的演变路径呈现出从无到有并逐步强化的趋势。尽管如此，审前程序的诉讼化构造尚

存一些弱区和盲区。尤其是在立法尚未或者将来难以建构起审判对侦查活动规范化倒逼机制的情况下，审前程序诉讼化的强化尤为必要。一是在公安机关作为最基本的侦查机关的情况下，除逮捕外的强制性措施和侦查手段诉讼化的构造不足外，已有的诉讼化结构多数都是弱性系统内“准诉讼”。不论是拘传、拘留、取保候审等强制措施的适用，还是搜查、查封、扣押等侦查措施适用，都由公安机关自决。而当检察机关作为侦查机关行使侦查权时，除了拘留逮捕的执行交予公安机关，没有第三者的介入，是一种典型的“一对一”的行政化侦查程序，由此表现出封闭性、单方性和决断化等不足。[①] 尽管相比无诉讼化，系统内“准诉讼”是个进步，可以发挥对审前程序瑕疵予以矫治和过滤的作用，但过多地采用系统内“准诉讼”的构造，保障人权、控辩平衡的效果难以有实质性的提高。二是系统外“准诉讼”模式不多，除逮捕措施的适用外，基本上是弱性“准诉讼”。三是审前程序的诉讼模式构造一直处于空白状态。这些问题都有待于刑事诉讼法再修改时予以解决或完善。

（二）审前程序诉讼化未来发展的原则

从理论上讲，审前程序诉讼化只要采用诉讼模式或者诉讼化程度稍低一些的强性系统外“准诉讼”构造模式，控辩平衡、人权保障的价值目标便可实现，但完全的或者单一的诉讼模式或者强性系统外“准诉讼”容易降低甚至牺牲诉讼效益。鉴于我国刑事侦查能力和诉讼资源的有限，不可能在所有诉讼环节同时完成程序司法化（诉讼模式）改造。[②] 因为审前程序诉讼化的构造还需要考虑国家一定时期治理犯罪的政治要求以及公众对

---

① 左卫民:《司法化：中国刑事诉讼修改的当下与未来走向》，载《四川大学学报》（哲学社会科学版）2012 年第 1 期。

② 左卫民:《司法化：中国刑事诉讼修改的当下与未来走向》，载《四川大学学报》（哲学社会科学版）2012 年第 1 期。

控制犯罪的急切期待。也就是说，审前程序诉讼化模式的选择是由治罪的正当性、谦抑性、政治性、时代性、和社会性等综合因素而定的，而且这些属性之间还具有一定的排斥关系，如果过于强调审前程序的正当性和谦抑性，可能会牺牲治罪的政治性，并难以回应刑事诉讼的时代性和社会性需求。所以进行审前程序诉讼化的改造，必须立足当代社会，不应当进行脱离现实的理想化设计。正如张文显教授所说："法律制度进步的最明显标志，就是其目的价值顺应时代发展而与时俱进地合理调整。"①

另外，审前程序的诉讼化改造还需要处理好内生和外引的关系，更应当立足中国刑事司法的内外机理之需求，进行自身的审前程序诉讼化构造，而不应当盲目地移植那些司法环境和诉讼制度生成背景有别于中国的域外法律。尽管国外审前程序诉讼化的构造多采用诉讼模式，但这些规定并非都符合中国国情。例如，基于中国对检察院司法机关和法律监督机关的广泛认同，在逮捕措施的适用上，机械地效仿西方一些国家由法院决定逮捕的体例并不符合中国的当前情况体制。

总之，中国未来的刑事诉讼审前程序诉讼化改造难以在诉讼模式上有所突破，而只能用"准诉讼"的模式强化或完善刑事诉讼的审前程序。

（三）审前程序诉讼化未来发展的重点

基于惩罚犯罪与保障人权、程序公正与诉讼效益的统筹考量，我国审前程序诉讼化改造的重点应当是影响诉讼参与人尤其是犯罪嫌疑人的人身自由、财产权益以及个人隐私等基础性人权的程序决定。具体而言，在审前的侦查、审查起诉等阶段中，只要涉及诉讼当事人人身权益、财产权益的剥夺与限制的强制措施、侦查手段、证据行为、审查起诉等程序性决定，不管其性质如何，都应纳入诉讼化的范畴，至于采用系统内"准诉讼"还

---

① 张文显：《法理学》，高等教育出版社 2007 年版，第 299 页。

是采用系统外“准诉讼”模式以及具体的构造形式，应当根据具体审前程序环节对诉讼参与人权益影响的程度以及保障人权、控辩平衡和诉讼效益的现实需要而设定。

（四）审前程序诉讼化的未来样态：强性系统内“准诉讼”与强性系统外“准诉讼”

立足“当代中国法治话语体系”①，中国未来刑事诉讼审前程序诉讼化发展的理想目标应当是强性系统内“准诉讼”与强性系统外“准诉讼”两种样态。

就强性系统内“准诉讼”而言，主要针对侦查机关、检察机关的决定关涉诉讼参与人的财产性权益、短期人身自由以及程序异议（如回避等）、审查起诉等。其中，短期人身自由包括拘传、取保候审、监视居住、拘留、搜查、人身检查、技术侦查等。对这些审前程序环节，实行强性系统内“准诉讼”而非系统外“准诉讼”的理由在于：首先，如果实行系统外“准诉讼”，诉讼环节必然会增多，诉讼周期也因此会有所延长，容易错失侦查犯罪的良机；其次，追求打击犯罪的高效率也是管理者和公众对公安司法机关的普遍期待。实行强性而非弱性系统内“准诉讼”，其根本目的就是要克服弱性系统内“准诉讼”更容易流于形式的弊端。强性系统内“准诉讼”的基本要求是：第一，作为决策者的上级机关或本单位领导或专门内设机构针对侦查或起诉机关的请求或意见，不仅应当全面阅卷，必要时还应当接触诉讼参与人及其委托的人，听取他们的意见，并记录在案；第二，应当建立决策者的错案追究责任制，以强化其作为“裁判者”的职责。

在未来的发展中，强性系统外“准诉讼”主要针对审前程序中公安机

---

① 顾培东：《当代中国法治话语体系的构建》，载《法学研究》2012 年第 3 期。

关逮捕措施的适用[①]，包括逮捕的决定和逮捕后的必要性审查，基本要求如下。第一，在参与性和参与方式上，要保证可能受到逮捕决定直接影响的主体能够参与到决定过程中，并以控诉、辩护、审判三方俱在的形式予以决定；第二，在意见回应机制方面，作为逮捕决定的检察机关，在批准逮捕决定书中应充分说明理由，尤其是辩护方意见不被采纳的理由。

第二节　侦查程序相关问题探讨

一、侦查模式评介

所谓侦查模式，是指由刑事诉讼模式所决定并基于特定的侦查任务和目的，在侦查活动中各种不同刑事诉讼主体行使不同权利、义务及其相互关系的形态与结构。[②]

（一）两大法系侦查模式

从比较法的视野看，英、美等英美法系国家与法国、德国等大陆法系国家法律文化传统决定了它们在彼此刑事诉讼理念和侦查模式的设计上天然的存在区别。英美法系国家在刑事诉讼模式和侦查结构设计上偏重程序、当事人主义，而大陆法系国家非常注重实体真实、职权主义诉讼模式和侦查结构的设计。随着各国法律文化的相互交融，两大法系国家在很多的诉

---

① 对于检察机关自侦案件的逮捕问题，2009年9月最高人民检察院就已制定了《关于省级以下人民检察院立案侦查的案件由上一级人民检察院审查决定逮捕的规定（试行）》，就其逮捕决定程序来看，基本上属于弱性系统内“准诉讼”结构，有待于今后对其进行强性系统内“准诉讼”的改造，并将其纳入刑事诉讼立法，但2018年刑事诉讼法修改后，修订的《高检规则》删除了该项规定。

② 吕萍：《中外侦查模式之比较》，载《公安研究》，1999年第3期。

讼制度和侦查程序上相互借鉴，并对各自的侦查程序进行适度的调整，在侦查模式出现了一些共性的特点。例如，各种刑事诉讼程序和制度设计都遵循司法审查、控辩平衡和程序法定等原则。①

1. 英美法系的当事人主义侦查观。当事人主义诉讼模式强调控辩双方的对抗性、均衡性和程序的正当性。这种模式的特点反映在侦查活动中，体现为以下几个方面。

（1）当事人主义的诉讼观强调程序正义。程序正义可以说是当事人主义诉讼模式设计的理论基石。具体到讯问犯罪嫌疑人、被告人，讯问人员应当主动告知其享有沉默权，并告知犯罪嫌疑人、被告人获得律师帮助。自侦查阶段，律师可以行使辩护权，部分国家还规定，侦查人员等办案人员讯问犯罪嫌疑人时，律师有在场的权利。

（2）法院及法官有权介入侦查，监督、制约侦查活动。在英美法系国家，程序正当和保障人权被植入侦查程序的设计中，不论是人身性质的侦查手段，还是财产属性的侦查措施，其适用均实行司法令状，即需要接受司法审查，特别是搜查、查封扣押、逮捕和技术侦查等，都必须获得法官批准，否则，由此收集的证据不具有可采性。

2. 大陆法系国家的职权主义侦查观。职权主义诉讼观强调国家司法机关在诉讼中的主导地位，不注重犯罪嫌疑人的地位和作用，不承认侦控双方在侦查阶段的平等性。这种模式的主要特点有以下几点。

（1）侦查权较为强势。在大陆法系国家，主要秉持实体真实主义诉讼观或者犯罪控制模式的刑事诉讼结构。侦查是刑事诉讼的前沿阵地，推动刑事诉讼进展的证据主要来自侦查，如果侦查权力不大或者受限过多，侦查人员在侦查活动中自然会畏手畏脚，较难收集确实充分的证据，难以为控诉机关指控犯罪、审判机关认定犯罪提供证据支撑，为此，赋予侦查机

---

① 姚莉、黎晓露：《侦查诉讼化模式再解读及其制度逻辑》，载《法学杂志》2017 年第 7 期。

关较为强大的侦查也就成了理所当然之事。在法国，19世纪初期，为应对高发的犯罪活动，巴黎市警察局设有专职侦探，由于破案效率低下，巴黎市警察局根据“只有罪犯才能对付犯罪”的原则，挑选了一些前科人员担任警察的线人，帮助警方从社会各个方面和层次搜集犯罪情报，经过长期的侦查实践经验的总结，法国警方会根据案件的性质、复杂程度以及侦破时间长短和犯罪的轻重程度，划归给不同的侦查组织侦查。德国属于典型的单轨制侦查模式，首先享有侦查权的主体只能由国家法律规定的侦查主体——检察官和警察享有，其他任何主体和个人都不能行使。虽然检察官既有案件的立案决定权，又有侦查权，警察在侦查工作中只是检察官的助手。① 在日本，刑事诉讼实行检警一体化的结构模式，侦查和检察互为一体、互相协助，并且检察主导侦查，检察机关有权对侦查机关的侦查活动进行指导，特别是侦查机关的收集证据工作。其制度设计的原理在于，向法院指控犯罪是检察机关的职责，而非侦查机关的职责，指控犯罪需要什么证据，需要多少证据等，检察机关的认知超越侦查机关，为了更好的实现惩罚犯罪的诉讼目的，自然需要赋予检察机关介入侦查甚至主导侦查的职权。②

（2）犯罪嫌疑人诉讼权利受到一定的限制，或者无法与控方形成均势。这种格局的形成同样归咎于犯罪控制模式和实体真实主义的诉讼观与目的观。犯罪控制模式内在地要求打击犯罪优先，做到这一点，在赋予侦查机关强大侦查权的同时，自然需要对犯罪嫌疑人的权利加以抑制，否则，不利于侦查机关高效收集惩罚犯罪的证据，并有可能陷入与犯罪嫌疑人及其辩护人的拉锯战中，从而导致侦查职能弱化，与职权主义诉讼结构的功能背道而驰。另外，侦查阶段限制犯罪嫌疑人诉讼权利还表现在限制律师侦

---

① 陈子军:《论刑事侦查模式及其构建路径》，载《求索》2013年第9期。
② 孙青平:《比较视野中的中日侦查模式》，载《前沿》2009年第13期。

查阶段的介入，或者即便律师可以在侦查阶段接受委托，为犯罪嫌疑人提供法律帮助，但是其辩护权受到一定的限制，如不能进行调查取证等。当然，随着实体正义观对程序正义观的适量接纳，律师在侦查阶段参加诉讼活动也被一些大陆法系国家的刑事诉讼立法中确立，近些年，德国和法国正在推行参与式侦查模式改革，在侦查程序中引入了辩护方的参与，赋予了辩护律师在控方进行重大侦查行为时的在场权[①]。

（二）我国侦查模式

从外在形式上看，我国与大陆法系侦查模式的共性之处多于英美法系。1996年《刑事诉讼法》修改后，一方面吸收了无罪推定原则的主要精神，另一方面也吸收了当事人主义诉讼模式的一些内容，形成了有中国特色的侦查模式。

（1）侦查主体的多样性。在我国的刑事诉讼中，侦查权是司法权的组成部分，是一项国家的专门职权，与英美法系的当事人主义相比，它强调国家在打击犯罪中的主导地位和作用。依据《刑事诉讼法》第3条、第19条、第308条之规定，在我国，享有侦查权的机关有：公安机关、国家安全机关、人民检察院、军队保卫部门、监狱、中国海警局；另外，作为最基本侦查主体的公安机关也有不同的警种。多样化的侦查机关和警种往往会造成立案管辖和区域管辖上的交叉，形成推诿或争讼。

（2）侦查阶段的独立性。在我国，所有的公诉案件都必须要经过侦查的诉讼阶段，当然，按照监察法的规定，国家公职人员的88种职务犯罪案件由监察机关立案调查。就我国刑事诉讼阶段设计而言，公诉案件的立案、侦查、起诉、审判和执行五个完整诉讼阶段虽然存在承上启下的密切关联，但是，各个阶段都是独立的，所谓的独立，是指每一个阶段的主体

① 刘计划：《法国、德国参与式侦查模式改革及其借鉴》，载《法商研究》2006年第2期。

并非完全一致（除立案与侦查主体同一，侦查与执行主体可能同一，审判主体与执行主体可能同一），每个阶段的程序规则完全不一致，每一个阶段都有自己独立或特有的任务。虽然检察院对侦查机关的侦查活动有权进行监督，但这并不能否定侦查阶段的独立性，侦查任务是否已经完成，侦查能否终结由侦查机关独立判断。

（3）侦查阶段的保密性。侦查权运行基于自身职能之需求，是一种具有隐秘性的活动侦查活动坚持保密性原则有其内在的机理，其一，侦查活动或者侦查信息外溢，容易引发反侦查，即犯罪嫌疑人及其辩护人、近亲属，或者其他与犯罪有关的人（如同案犯、存在牵连关系的其他人）可能会实施规避、妨碍、破坏侦查活动的行为；其二，侦查活动或者侦查信息公开，自然会被官媒或自媒报道，有时会被过度报道甚至误报，这种情形的存在不仅会引起不当舆情，更重要的是容易让获得侦查信息的法官对案件形成先入为主的认识，从而不利于公正断案。[①] 我国侦查工作的保密性主要体现在：第一，要对犯罪嫌疑人及其律师保密，按照我国法律规定侦查机关在对犯罪嫌疑人讯问时，律师无权在场，其目的主要是防止犯罪嫌疑人反侦查；第二，要对侦查机关内部的非办案人员保密，以防泄露案件内容；第三，是要对社会保密。根据《刑事诉讼法》第 40 条规定：“辩护律师自人民检察院对案件审查起诉之日起，可以查阅、摘抄、复制本案的案卷材料……”这就意味着，在侦查阶段，辩护律师无权查阅卷宗，在一定意义上，侦查内容对于辩护律师来说是保密的。

（4）侦查活动内容的特定性。根据我国法律规定，刑事诉讼侦查活动的内容是依照法律进行的收集证据、查明案情的工作和有关的强制性措施。其中，收集证据、查明案情的工作是指刑事诉讼法所规定的讯问犯罪嫌疑人、询问证人、勘验、检察、搜查、鉴定、通缉等活动。强制性的措施是

---

① 卞建林、张可：《侦查权运行规律初探》，载《中国刑事法杂志》2017 年第 1 期。

我国侦查活动的特色内容，通常情况下，案件的嫌疑人都被限制或者剥夺人身自由；而且，我国的刑事诉讼的强制措施的种类与西方国家相比是比较全面的。

（5）侦查监督表现为检察监督。在侦查阶段，我国法律赋予了侦查机关较大的自由裁量权。这种制度设计与我国诉讼结构是匹配的。在我国当前的诉讼模式下，侦查机关具有较大的侦查权，对于拘传、拘留、取保候审和监视居住，作为最基本的侦查机关公安机关具有独家决定权和执行权。另外，在各种侦查措施中，除了技术侦查需要设区市的公安机关批准并执行以外，讯问犯罪嫌疑人、勘验检查、询问证人、被害人、搜查、扣押、查封、通缉等，各级公安机关可以根据自己侦查需要，自行决定实施。在这样的侦查规则下，缺乏有效的侦查监督，可能会造成侦查权力的滥用，从保障人权、程序公正的诉讼理念考虑，建议同步建立完备的侦查监督制度。

在侦查监督方面，刑事诉讼法及其司法解释规定了检察监督，包括对侦查活动的监督，检察机关同时兼顾侦查职能，并专门承担所有公诉案件的公诉任务，因此，我国侦查监督制度的基本特点是，侦查监督检察化，即检察院作为法律监督机关，在刑事诉讼中对侦查机关立案活动、侦查活动是否合法进行监督，其监督活动具有唯一性。[①] 在侦查监督制度设计上，围绕检察院的法律监督机关性质和职能进行规则制定，从刑事诉讼活动起点的立案开始就纳入检察院监督视域，由于立案主体就是侦查主体，即谁立案，谁侦查，立案、侦查主体一体化，围绕立案之后的审查批准逮捕、其他强制措施的适用、侦查措施的适用等统一构筑侦查监督体系。

（6）犯罪嫌疑人不享有沉默权利。沉默权制度在西方部分国家的刑事诉讼法中得以确立。纵观我国刑事诉讼法关于讯问的规定，在对待犯罪嫌

① 刘计划：《侦查监督制度的中国模式及其改革》，载《中国法学》2014 年第 1 期。

疑人、被告人是否享有沉默权问题上，并没有直接给出答案，而是一种含蓄的规定，即“犯罪嫌疑人对于侦查人员的提问，应当如实回答”。由此可见，在我国，犯罪嫌疑人不享有沉默权，而且负有如实供述的义务、协助侦查机关办案的义务。

（7）检警一体化的侦查模式显现雏形。不论是英美法系国家，还是大陆法系国家，都存在“检警一体化”的制度构建。对于职权主义诉讼结构模式，“检警一体化”的优势非常凸显，这种强强联合、优势互补合作模式不仅表现出强大的侦查攻势，而且也为检察院指控犯罪奠定了坚实的基础。即便是采取当事人主义刑事诉讼模式的国家，检察力量的超前适度介入侦查阶段，也具有抑制侦查违法、确保证据行为规范的积极功效，这与当事人主义诉讼模式极力追求的保障人权、程序正当是一致的。当然，关于“检警一体化”的界定，学术界的认识并不统一，我国学者一般是将检察院引导侦查活动视为“检警一体化”。[①] 虽然我国《刑事诉讼法》本身并未规定体现检警一体化的内容，但是，《人民检察院刑事诉讼规则》（以下简称《高检规则》）却有此规定，根据《高检规则》第256条第1款规定的精神，检察院可以与侦查机关“打成一片”“并肩作战”，但是具有案件范围、介入方式、介入职能等方面的限制，否则，有违我国刑事诉讼法“分工负责”原则的要求，侦查和检察也相应的失去其应有的独立性。当然，对于检警一体化的认识，专家学者的观点并不统一，有的专家认为，检警一体化的主张不符合我国检警关系的设置模式；[②] 有的专家则认为，“检警一体化”是检察机关和侦查机关业务上的互动，只是在这种互动中，检察院处于优势或者主动地位，对侦查进行引导或者指导，[③] 并认为这种侦查体制赋予检察官主导侦查的权力，能够

① 刘计划：《检警一体化模式再解读》，载《法学研究》2013年第6期。
② 龙宗智：《评“检警一体化”兼论我国的检警关系》，载《法学研究》2000年第2期。
③ 陈兴良：《建立科学的检警关系》，载《检察日报》2002年7月15日。

为其履行控诉职能打下良好基础。[①]

二、侦查讯问时律师在场之主张的认识缺陷解析[②]

多年来，一直有学者、法律工作者尤其是律师不停地呼吁《刑事诉讼法》再修改时应当赋予律师在侦查机关讯问犯罪嫌疑人时在场的旁听权利，而且持这种观点的人不在少数。尽管他们的主张在逻辑上都能做到持之有据、言之成理，但是，笔者实在不敢苟同，因为其理由普遍脱离了中国的实际，其主张或多或少存在以下认识缺陷。

（一）对“惩罚犯罪与保障人权并重”诉讼目的观的误读

在过去很长的一段时间里，我国刑事司法从理论到实践都认为刑事诉讼的目的就是惩罚犯罪，从而造成刑事诉讼目的定位的单一性和非科学性。以1996年《刑事诉讼法》修改为标志，我国开始从方法上强调刑事诉讼中人权保障的重要性和必要性。2004年人权写入宪法后，一些司法实务部门提出了“惩罚犯罪与保障人权并重”（以下简称“并重”）的诉讼目的观。“并重”诉讼目的观的提出自然引出侦查讯问时律师在场的主张，并把侦查讯问时律师在场看作保障犯罪嫌疑人人权的重要条件。我认为，“并重”诉讼目的观的提出本身并无不妥，它的提出有助于办案人员转变观念，文明司法，实现刑事司法的和谐。在现实的中国，我们对“并重”诉讼目的观的理解不能望文生义，否则，会矫枉过正。

笔者认为，“并重”诉讼目的观的本意在于强调公安、司法机关在刑事诉讼中不能像过去那样只重视惩罚犯罪，而是既要重视惩罚犯罪又要重

① 陈兴良：《从“法官之上的法官”到“法官之前的法官”——刑事法治视野中的检察权》，载《中外法学》2000年第6期。

② 胡志斌：《侦查讯问时律师在场之主张的认识缺陷解析》，载《公安研究》2008年第3期。

视保障人权，但是毕竟这两个诉讼目的还存在着对立的一面，在不同的诉讼主体有着不同利益诉求的情况下，国家只能根据社会主导地位的价值观对诉讼各方的直接利益以及它们所反映出的潜在利益进行权衡，这种权衡不可能像分蛋糕那样实行平等分割。它要求立法机关、公安、司法机关应当本着利益权衡的原则进行极为慎重的政策选择。不同国家对于政府与个人之间利益冲突的政策选择既受到本国政治、经济、文化条件的制约，又受到历史传统尤其是社会主流价值观念的影响。就我国的现实国情而言，转型时期的社会矛盾日益增多、违法犯罪现象种类多样，党和国家打击犯罪的决心和力度也在不断地加大。面对比较严峻的治安形势，人民群众普遍有着强烈的社会安定的价值追求，这一切都成为我们进行诉讼价值选择和目的定位时不可忽视的政治因素和法律因素。这也就决定了我们对“并重”诉讼目的观的正确理解只能是：既要重视惩罚犯罪，也要重视保障人权，在二者不能同时兼顾的情况下，应当做到惩罚犯罪优先，兼顾保障人权；在保障人权有多种选择手段的前提下，绝不能采用不利于惩罚犯罪诉讼目的的实现的保障手段。

主张侦查讯问时律师在场，其积极作用是值得肯定的，即遏制少数侦查人员实施刑讯逼供等非法取证行为的发生，以保障犯罪嫌疑人的人权。但是，律师在场会从很大程度上改变犯罪嫌疑人的心理环境，给整个侦查活动带来很多负面影响（关于其负面作用后文详述），这种制度设计虽然有利于实现人权保障的诉讼目的，却不利于惩罚犯罪诉讼目的的实现，使得本来就薄弱的侦查环节更加薄弱，从而造成刑事诉讼目的的本末倒置，人民群众更加失去安全感，和谐这一社会主流价值观将难以得到体现。事实上，侦查讯问时律师在场制度的正面作用完全可以通过对其他制度的创新应用来达到，如实行侦查讯问全过程录音录像、完善非法证据排除规则、完善侦查的自我监督或检察监督等。因此，在侦查程序中，我们绝不能单纯通过强化人权保障、弱化惩罚犯罪的方式来实现二者的“并重”。主张侦查讯问时律师在场、扩大律师侦查阶段的诉讼权利等都是对“并重”诉讼目的观的误读，忽视了“并重”的语境，犯了方法论的错误，并有矫枉过正之嫌。

（二）忽视了诉讼参与人提供证据觉悟不高的客观事实

讯问犯罪嫌疑人、询问证人与被害人是侦查机关获得言词证据的基本方式。由于犯罪嫌疑人、被害人是当事人，案件的处理结果事关其切身利益，因此，他们的陈述既有真实的一面，也有虚假陈述的可能。就证人而言，他们也可能会出于明哲保身的考虑，对侦查机关的询问不予配合。在这种情况下，主张律师享有讯问在场权，其主张者明显忽略了诉讼参与人提供证据的态度因素，同时也忽视了确立该项制度会给诉讼参与人提供证据的觉悟所带来的消极影响。

1. 主张者可能过高地定位了犯罪嫌疑人提供证据的觉悟

从某种意义上说，讯问犯罪嫌疑人的过程实质上就是侦查人员和犯罪嫌疑人博弈的过程，同时也是犯罪嫌疑人心理防线逐步被攻破并最终低头认罪的过程，而犯罪嫌疑人的心理防线能否被攻破，主要取决于侦查机关对证据的掌握程度以及讯问现场的环境和氛围。在封闭性很强的讯问现场，犯罪嫌疑人对于一切人员的言谈举止、神情动作都非常敏感。如果有律师在讯问现场，犯罪嫌疑人就会觉得有人“撑腰壮胆”，会在很大程度上毫不顾及侦查的权威性和严肃性，拒绝与侦查人员合作，拒不提供案件情况，案件的侦查工作将受到很大影响，甚至难以进展下去。在犯罪嫌疑人看来，有律师在场，即使不承认有罪，侦查机关也不能拿他怎么样，否则，可以控告侦查人员有违法侦查行为。所以，在律师在场的情况下，会大大延缓甚至妨碍犯罪嫌疑人心理防线的突破，这就给侦查机关侦破案件带来了极大的困难。

2. 主张者可能过高地估计了证人提供证据的觉悟

在限制侦查机关获取口供的情况下，侦查机关除了通过科技手段收集、审查、解读相关实物证据以外，还有不少案件的证人对侦查机关破获案件至关重要，然而，证人作证难一直是我国刑事诉讼中难以治愈的司法顽症。对于很多刑事案件，不是说有了重赏或者为证人提供了人身保护，证人就愿意向侦查机关作证，证人即便提供证言，也通常要求侦查机关隐去其姓名，并且到了审判阶段也很难要求其出庭作证。一旦限制了侦查机关对犯罪嫌疑人的讯问，对于没有其他证据而只能依靠证人来查明案件事实的刑事案件，证人往往成了侦查工作的关键，同时也成了“危险人物”。司法实践中，证人被伤害或者被威胁的现象时有发生，从某种意义上说，这正是强调保护犯罪嫌疑人人权所付出的代价。因此，一旦赋予律师讯问时的在场权，“精明”的证人会更加谨慎地认识到自己的不利处境，也不免会产生这样一种认识：既然犯罪嫌疑人是“坏人”，他都可以受到保护，可以“沉默”，我为什么要说话，去得罪人、当“坏人”！这样做的结果，无疑会大大增加侦查的难度，降低侦查的效率和质量。

3. 主张者可能过高地估计了被害人提供证据的觉悟

被害人是案件的当事人，往往具有强烈的追究犯罪嫌疑人刑事责任的偏激情绪，这就很容易导致被害人陈述的失真或者证据价值的降低。确立侦查讯问时律师在场制度，除了会加大侦查机关侦破案件的难度之外，同时也会造成人权保障的失衡，让被害人心理上感到不平衡。既然犯罪嫌疑人有了律师的撑腰可以拒供并受到保护，那么出于自我保护的考虑，一些被害人就有可能会千方百计地寻找证据甚至伪造证据提供给侦查机关或者夸大其词地陈述案情，从而误导侦查方向和侦查重点，导致侦查效率的降低。

（三）忽略了我国侦查技术条件有限的现状

赋予律师侦查讯问时的在场权利与犯罪嫌疑人的沉默权利是紧密相关的，当口供在刑事诉讼中所起的作用不重要甚至可有可无时，确立沉默权制度与律师在侦查讯问时在场制度就是水到渠成、顺理成章的事了。但是，当口供在侦查机关侦破案件时还处于十分重要的地位时，能否确立沉默权制度和侦查讯问时律师在场制度就必须慎重考虑了。

人类社会的诉讼证明方法大致经历了神证、人证、物证的主要发展阶段，每个阶段诉讼证明方法的确立与这个国家或地区的政治、经济、文化等因素有着密切的关系。德国法学家拉德布鲁赫说："口供之所以在刑事诉讼中衰落，与刑事诉讼中证明方法的进步有着很大的关系。"[①] 规定沉默权并赋予律师侦查讯问在场的权利，标志着口供在刑事诉讼中地位的降低和以人证为主的诉讼证明方法的瓦解，取而代之的将是以物证为主的证明方法。纵观发达国家的诉讼证明方法，以物证为主的诉讼证明方法的建立一般需要具备以下条件：科学技术的发展并广泛应用于侦查活动，因为物证是"哑巴证据"，必须借助科技的手段才能发现、审查和判断等；侦查装备的现代化，侦查装备是侦查技术的载体，侦查技术只有通过侦查装备才能用之于侦查活动并发挥作用；较高素质的侦查队伍，以物证为主的诉讼证明方法实质上是强调从"物"到"供"的证明路径，它要求侦查人员在口供之外搜寻案件线索，确定侦查方向、侦查范围和侦查重点，其难度比以人证为主要证明方法中所表现出来的从"供"到"物"的证明路径要难走得多，需要侦查人员具有较高的侦查技能，同时，现代化的侦查设备也只有具有现代科技知识的人才能够操作，这对侦查人员也提出了较高的侦查技能要求；国家经费的巨额投资，因为上述的先进科学技术的发展、科技设备的研发、高科技侦查人员的培训等都需要国家投入大量的科研经费；侦查手段的拓展，随着科技的进步和社会的发展，犯罪日益呈现出智能化、隐蔽化、组织化等特点，为此，许多强调物证价值的国家除了采用常规的侦查手段之外，还承认监听、秘取、诱惑侦查等特殊侦查手段的合法性，

---

① 陈兴良：《法制的界面》，法律出版社 2003 年版，第 89 页。

以便减少对口供的依赖。①

因此，在现实条件下，通过赋予律师在侦查阶段的在场权、辩护权等手段来抑制侦查机关的侦查讯问活动，既不利于侦查机关实现侦查目的和侦查任务，也不利于惩罚犯罪诉讼目的的实现。

另外，从讯问时间分布来看，由于我国目前刑事案件高发，而基层侦查机关警力相对有限，一个民警要同时办理多起刑事案件，讯问时间不定，而且有些突发案件的讯问要在夜间进行。从讯问空间分布上看，承担侦查破案任务的单位基本上是基层的刑警队、派出所，分布较广，而且很多地处偏远乡镇。按照《刑事诉讼法》的规定，拘留、逮捕犯罪嫌疑人后应当在 24 小时内进行讯问。在这种情况下，如果因为律师不能及时到场，讯问无法及时进行，这不仅耗费侦查机关大量的警力、精力，还会严重影响打击犯罪工作的进行。②因此，从现有的侦查技术能力上来看，我国尚不具备构建讯问时律师在场制度的条件。

（四）主张者的立论依据存在认识上的片面性

多年来，不少学者主张赋予律师侦查讯问时的在场权，其普遍理由之一是："规定沉默权以及侦查讯问时律师在场权是世界多数国的普遍做法。"其实不然，关于侦查讯问时律师是否在场问题，国外立法规定并不一致，大致有以下三种情况：一是律师不享有侦查讯问时在场的权利，如《日本刑事诉讼法》第 9 条规定："侦查阶段被疑人有委托辩护人、与辩护人会见的权利。"③由此可见，作为法治较为发达的日本，其刑事诉讼法并没有规定律师享有侦查讯问时的在场权。二是规定警察讯问时律师无权在场，

① 朱孝清：《侦查讯问时律师在场之我见》，载《诉讼法理论与实践》，北京大学出版社 2006 年版，第 126 页。

② 王斗斗：《刑诉法再修改逼近侦查程序改革深水区》，载《法制日报》2007 年 8 月 22 日。

③ 《日本刑事诉讼法》，宋英辉译，中国政法大学出版社 2001 年版，第 26 页。

但是预审法官讯问时律师可以在场。例如，《法国刑事诉讼法典》第63条规定："在拘留20小时之后，被拘留人可以要求会见律师，会见不得超过30分钟。"很显然，《法国刑事诉讼法典》并没有规定警察或者检察官讯问被拘留人时，其律师有权在场，只是该法第114条规定"在预审法官讯问时，除非双方当事人的律师在场或者已经合法传唤，不得听取当事人的陈述、讯问当事人或者让其对质，除非当事人公开放弃此项权利"。[①] 三是规定侦查讯问时律师有权在场，规定这一制度的绝大多数为英美法系国家。由此可见，并非国外普遍在刑事诉讼法中规定律师享有侦查讯问的在场权，所以，以此为理由主张我国也应构建侦查讯问时律师在场制度是没有说服力的。

另外，即使是规定沉默权和侦查讯问时律师享有在场权利的国家，也逐步地认识到控制犯罪和保障人权动态平衡的重要性，随着一些严重刑事犯罪的日益严重化、复杂化，原来规定沉默权和讯问时律师在场权的国家，不断地修改立法，对这些法律制度加以限制。例如，20世纪70年代以来，针对恐怖犯罪、有组织的犯罪等日益严重的事态，为了实现新的历史条件下惩罚犯罪与保障人权的平衡，原来实行沉默权制度的国家如美国、英国、爱尔兰、加拿大、新加坡、荷兰、葡萄牙等，都对沉默权制度的适用作了限制，有的规定适用"米兰达规则"的若干例外，确认警察在"公共安全"或"紧急状态"下可以不遵守"米兰达规则"；有的规定"拒绝回答相关问题或作出虚假陈述时以犯罪论"等。[②] 我国正处在社会转型期，各种社会矛盾相互交错，社会治安管理不容放松，在这种背景下，如果赋予律师侦查讯问在场权，显然有些盲目，把适宜于异国的诉讼法律制度生硬地移植到中国，只能导致"淮南为橘，淮北为枳"的后果。

---

① 《法国刑事诉讼法典》，余叔通、谢朝华译，中国政法大学出版社1997年版，第56页。

② 何家弘：《沉默权制度及刑事司法的价值取向》，载《国家检察官学院学报》2004年第4期。

众多学者主张赋予律师侦查讯问在场权的普遍理由之二是："在侦查阶段，犯罪嫌疑人处于弱势地位，相对侦查机关而言是弱势群体，实行这项制度有助于保障犯罪嫌疑人的人权。"笔者认为主张者的这种理由存在认识上的片面性，谁弱谁强，不能一概而论，关键要看划分的依据。不可否认，从权力的角度看，犯罪嫌疑人是弱势者，因为侦查机关拥有强大的国家权力做后盾。但是，我们也应当看到，国家之所以赋予侦查机关强大的侦查权，首先是因为被害人才是最需要司法救济的弱势群体，侦查机关是代表国家和被害人来追究犯罪嫌疑人刑事责任的；其次从犯罪信息的角度来看，犯罪嫌疑人具有信息优势，他最清楚自己是否犯了罪、如何犯罪、为什么犯罪等。侦查活动作为一种回溯性、由果推因的诉讼活动，在获取犯罪信息的有无或多少方面侦查机关明显具有局限性和被动性。由于信息的不平衡、不对称，这就需要国家赋予侦查机关较为强势的侦查权力来弥补这种不平衡状态，以真正体现平衡原理的要求，实现惩罚犯罪与保障被害人人权的目标。①

诚然，制度不是一成不变的，随着诉讼理论的不断演进以及我国刑事诉讼法治环境的调整，在未来刑事诉讼法再次完善时，可以考虑试行讯问犯罪嫌疑人、被告人律师在场的权利。在域外，部分国家建立了讯问时律师在场权，并呈现出积极和消极两种模式。随着"以审判为中心"的诉讼制度改革开展、认罪认罚从宽制度入法，律师在场权的问题再一次被提出，其在我国已具备现实可行的条件和契机。鉴于制度本土化的诉求，应当考虑借鉴消极面向的基本范式，即以监督和事后反馈的方式保障犯罪嫌疑人的诉讼权利不受侵犯。②

---

① 胡志斌：《侦查讯问时律师在场之主张的认识缺陷解析》，载《公安研究》2008 年第 3 期。

② 陈卫东、孟婕：《重新审视律师在场权：一种消极主义面向的可能性——以侦查讯问期间为研究节点》，载《法学论坛》2020 年第 3 期。

第三节　关于公诉权制约机制的探讨[①]

公诉权本质上是一种国家控诉权，它与自诉人的自诉权没有本质区别，只不过一个姓“公”，一个姓“私”，在刑事诉讼中都属于求刑权，都属于起诉方式。在世界范围内，刑事起诉方式存在检察官起诉专权主义、检察官起诉为主兼采大陪审团起诉、以检察官起诉为主兼采被害人自诉、以私人起诉原则为基础的多主体起诉等多种形态。[②]公诉权就其内容来说包括起诉权、不起诉权和公诉变更权。公诉权作为一项国家权力，如果能够科学设置并正当运作不仅可以实现国家的诉讼目的，同时也能够维护当事人的诉讼利益。但是，公诉权的行使在具体的个案中又有较大的差异性和自由裁量性。因此，和其他国家权力一样，公诉权必须受到合理的制约。

一、公诉权制约的历史必然和理论基础

（一）公诉权本身就是私权公平抗衡及公权有效制约的产物

在研究公诉权制约机制之前，笔者认为很有必要了解一下公诉权的历史由来。从历史起源上考察，公诉权并非与刑事诉讼相伴而生，应该说公诉权是近代刑事诉讼控审职能分离的结果。在弹劾式诉讼模式下，由于将犯罪等同于私人纠纷，因而实行“不告不理”“没有告诉人就没有法官”的诉讼形式，控诉完全由私人即被害人及其近亲属提起，国家没有建立专

---

① 胡志斌：《关于公诉权制约机制的探讨》，载王先林主编《安徽大学法律评论》第 5 卷第 2 期，安徽大学出版社 2005 年版，第 275—283 页。

② 熊秋红：《论公诉与自诉的关系》，载《中国刑事法杂志》2021 年第 1 期。

门的控诉机关来行使追究犯罪的控诉职能；因此，这一时期没有公诉权存在的空间和必要。但是，随着犯罪的日益复杂化，私人追究犯罪责任越来越力不从心，由于被害人的控诉能力不及被追诉人的抵御能力，使得大量的犯罪行为得不到应有的惩罚。这不仅使被害人的合法权益得不到有效的保护，而且妨害到社会的秩序和安全。平衡当事人之间私权便成了统治阶级不可回避的诉讼课题。于是，由国家追诉犯罪的诉讼模式应运而生，即产生了封建纠问式诉讼模式。在纠问式诉讼模式下，开始实行国家追诉主义，由国家承担起追究犯罪的责任。但是，在公诉权的配置方面，国家却把追究犯罪的职责交给了法官，实行控诉和审判职能合二为一，结果导致控审不分、自诉自审。

由于纠问式诉讼模式实行控审职能合一，任何法官都是检察官，因此，这一时期并无独立意义上的公诉机关和公诉权的存在。更为严重的是，在纠问式诉讼模式下，法官控审合一，由于缺乏制约和监督，从而导致司法权力的集中和滥用并对被告人权利造成重创。这一诉审权能不分的诉讼格局势必又会促使控审职能分离理论的产生和诉讼公权力的重新配置，以实现公权的分工运作和相互制约，从而实现司法公正。直至14世纪初，法国首先建立了检察制度，为控诉权和审判权的分离和相互监督带来了契机。检察官从此开始以国家公诉人的身份参加刑事诉讼行使国家公诉权，使控、审两种权能实现现代意义上的分离。

考察检察权即公诉权的发展史，我们不难发现，检察权的产生是基于两个方面的要求：一是克服私人追诉的不力，实行国家追诉主义；二是避免控审权能不分对人权的侵犯，实现控诉权和审判权的分离。[①]

作为影响国家和当事人诉讼利益的公诉权能否公正运作并真正地支撑起惩罚犯罪和保护人权的天平，实现其诉讼价值，这又必然产生了一个不

① 樊崇义：《刑事诉讼法学》，法律出版社2004年版，第347页。

可回避的诉讼理论和现实问题——公诉权的制约。

（二）公诉权制约的理论依据之一——防止权力滥用

就刑事起诉制度而言，这一权力制衡关系表现为：第一，在诉讼程序上，公诉权与审判权相互牵制；在启动审判程序上，审判权受制于公诉权，没有起诉就没有审判。另外，有起诉却并不必然有审判，公诉权受到审判权的监督与控制。第二，在实体上，公诉权与审判权相互分工。即定罪权专属于法院，未经审判不得确定有罪；在过程意义上，审判范围又反过来受制于起诉的效力范围，即起诉什么，法院才能审判什么。[①]

（三）公诉权制约的理论依据之二——国家、被害人和被追诉人诉讼利益的平衡协调

随着对犯罪本质认识的深入，统治阶级意识到，犯罪在侵犯公民个人合法权益的同时，还直接危及其统治秩序，有些犯罪甚至直接针对统治阶级利益。基于这种认识，国家权力开始进入刑事诉讼程序，并逐步在同犯罪作斗争的过程中扮演主要角色。这一国家权力由国家设立专门机关行使，具有主动性、强制性等特点。[②]这样，就出现了一个不容回避的问题：在国家利益、被害人个人利益和被追诉人利益三者之间如何协调以实现诉讼公正？公诉权的设立是针对被犯罪破坏了的社会秩序，因此，在试图建立这一秩序的努力中，作为公权力的国家公诉权不能单纯为了维护国家利益或保护被害人而启动，或仅仅为了惩罚被追诉人而运作，而是必然要从有利于国家利益的角度，通过请求给予被追诉人适当的惩罚来保护被害人的利益。要协调好国家、被害人和被追诉人诉讼利益的平衡，必须建立一整套

---

① 宋英辉、吴宏耀：《审判前程序研究》，中国政法大学出版社 2002 年版，第 320 页。
② 赵永红：《公诉权制约研究》，载《中央政法管理干部学院学报》1999 年第 4 期。

公诉权监督制约机制，以防公诉权的滥用或不当行使而侵害了三方中某一方的权益。

二、检察机关公诉权制约机制的域外考察

（一）国外公诉权制约机制的总体评价

西方国家审判前程序的一个重要特征就是，不论侦查活动还是审查起诉活动都要受到法院或者其他司法机构的授权和审查。从总体上来说，欧美国家的现代刑事起诉制度多属于司法控权模式。司法控权模式主要表现为起诉权（公诉提起与起诉决定）的分权与制衡，目的是防止公诉权滥用。该模式的基本表现形式是：在控、审职能分离的前提下，承担控诉职能的检察官所享有的起诉权仅仅是一种起诉请求权，实质意义上的是否交付审判的决定权力则归属于专门的具有司法性质的起诉审查机关。换句话说，在起诉机制内部，起诉权被法律分割为起诉请求权与起诉决定权。其中，检察官享有起诉请求权，对于具体案件，检察官的起诉请求不能直接导致开庭审判，而只能启动一个审查程序。审查程序由具有司法性质的起诉审查机构负责，该机构作出的起诉决定具有开启审判程序、确定审判范围的法律效力。不过，作为司法机构，它只能对检察官的起诉请求作出被动反应，即“不告不理”。“自启蒙时代以来，在欧美各国，追诉犯罪已经不再笼统地被看做是社会秩序的福音，而更多地将其视为维持社会安全必不可少的‘有组织的暴力’。”[①] 因此，在法律上，一方面将国家刑罚权严格限定在法律明文规定的范围之内；另一方面在承认国家负有追诉犯罪义务的同时，试图通过诉讼制度羁束国家追诉权的具体行使，以期尽可能减少国家

---

① 吴宏耀：《我国刑事公诉制度的定位与改革》，载《法商研究》2004 年第 4 期。

追诉权的滥用。

当然，两大法系在具体的公诉制约制度上有着一定差别：英美法系国家的司法机构一般只对提起诉讼的案件进行审查和控制，对于不起诉的案件，则承认检察官享有广泛的自由裁量权。“其核心理念是让法院或者民众对检察机关准备起诉的案件进行司法审查，以及时过滤掉那些不符合起诉条件的案件”[①]，从而限制公诉权的滥用以维护被追诉人的合法权益。而在大陆法系国家，一般是针对检察机关所作的不起诉决定建立司法审查程序。其目的是防止检察机关在作出不起诉决定方面滥用自由裁量权，从而维护国家、社会和被害人的合法权益。即便如此，两大法系的基本立场却是一致的，即通过分权与制衡的方法，起诉权被置于检察官和司法机构的共同管理之下、相互作用之中。在理论和立法上，西方国家普遍强调司法审查程序的制衡功能，只不过两大法系制约的侧重点不同。英美法系侧重通过对拟起诉的案件的审查以保护被追诉人的权利，这与其实行的当事人主义诉讼模式是协调一致的。而大陆法系则是侧重对不起诉案件进行审查以保护被害人的诉讼权益，这与其奉行的职权主义诉讼模式是相吻合的。例如，在日本，公诉只能由检察官提起，称为国家追诉主义；同时，只有国家才有提起公诉的权力，称为起诉垄断主义；两者统称为“检察官起诉专权主义”[②]。

（二）国外公诉权制约的具体形式

检察机关的起诉裁量权是法律授予检察官的一项重要权力，该权力的恰当行使有利于实现具体的个案公正，但是如果行使不当则会破坏国家的法制，并容易成为司法腐败的温床。这就要求承担公诉职责的检察官应当

① 陈瑞华：《刑事诉讼的前沿问题》，中国人民大学出版社 2000 年版，第 263 页。

② ［日］田口守一：《刑事诉讼法》（第七版），张凌、于秀峰译，法律出版社 2019 年版，第 197 页。

正当履行义务，正如有的学者所言，检察官的义务至少包括以下三个方面：一是全面收集和开示证据；二是避免不当起诉；三是为被告人利益提起法律救济活动。[①]为了减少其负面效应，现代各国纷纷建立了相应的制约机制，主要有以下几种形式。

1. 上级检察院的监督纠正机制。上级检察院的监督纠正机制是指检察机关在运用起诉裁量权作出裁量决定后，上级检察院根据当事人的申请或者通过其他途径，对该决定进行审查监督，以纠正其错误的一种制约机制，这也是世界各国普遍采取的做法。检察官代表国家行使公诉权，提起指控、追诉犯罪是检察官义不容辞的责任，但强烈的追诉倾向容易使检察官偏执为“诉讼一造之当事人”“打击犯罪的急先锋”，甚至异化为“冷酷无情的国家猎人”“无所不用其极的追诉者”。[②]而且这种纠错程序的启动基本上是“不告不理”。比如，在德国，刑事被害人收到检察官中止诉讼决定的通知后，如不服，认为应当继续诉讼的，可以在公开后两周后向该检察官的上级检察官提出申诉。上级检察官可以决定继续诉讼，也可以维持中止诉讼的决定。

2. 法院的司法审查机制。法院的司法审查机制是指以法院的司法审查权来制约检察机关起诉裁量权的一种机制。例如，在英国，通过预审法官对检察机关的起诉裁量权进行监督制约，检察机关对较严重的犯罪（刑罚超过 6 个月监禁）案件决定起诉后，必须经过治安法院的预审，然后决定是否将案件起诉到刑事法院审理。《德国刑事诉讼法法典》第 175 条则规定了对于某些案件，检察机关在作出不起诉决定前，必须经法院的审查同意。在美国，联邦和一部分州的重罪案件必须经过大陪审团审查公诉程序，大陪审团所作的公诉书才是检察官提起公诉的法律依据。[③]

---

① 韩旭：《检察官客观义务论》，法律出版社 2013 年版，第 18 页。

② 童建明：《论不起诉权的合理适用》，载《中国刑事法杂志》2019 年第 4 期。

③ 王以真：《外国刑事诉讼法学》，北京大学出版社 2004 年版，第 239 页。

3. 被害人的起诉机制。即被害人不服检察机关的不起诉决定时，通过提起诉讼的方式来监督制约检察机关不起诉裁量权的机制。例如，在德国，对于非自诉案件，《德国刑事诉讼法典》第172条至第177条规定了强行起诉程序，在检察官决定中止诉讼的情况下，赋予被害人将检察官作出的决定提交中立法庭审查的权利，以限制检察官的自由裁量权。在实行起诉垄断的刑事诉讼中，强行起诉程序正是对被害人权利的承认和保护。[①] 在法国，如果检察机关作出不起诉决定，受害人在接到检察机关不起诉通知后，有权向刑事法院提起刑事诉讼，同时可以要求刑事法院对刑事部分进行审查，这时检察机关就必须进行公诉[②]

三、我国公诉权制约机制的现状与不足

（一）我国公诉权制约机制的现状分析

《刑事诉讼法》第176条第1款规定："人民检察院认为犯罪嫌疑人的犯罪事实已经查清，证据确实、充分，依法应当追究刑事责任的，应当作出起诉决定，按照审判管辖的规定，向人民法院提起公诉，并将案卷材料、证据移送人民法院。"同时，《刑事诉讼法》第177条第2款规定："对于犯罪情节轻微，依照刑法规定不需要判处刑罚或者免除刑罚的，人民检察院可以作出不起诉决定。"也就是说，我国检察机关对犯罪行为的追诉原则是以起诉法定主义为原则，以起诉便宜主义为例外。为了保证公诉权力的行使能够充分体现国家意志，立法在授予公诉机关广泛权力的同时，也作出了较为详细的制约性规定。

---

① 王以真：《外国刑事诉讼法学》，北京大学出版社2004年版，第239页。

② 邓思清：《检察官的自由裁量权研究》，载《检察论丛》（第6卷），检察出版社2000年版，第266页。

第一，对于人民检察院作出是否起诉的决定，其公诉权受当事人及其委托人的监督。即人民检察院在审查公诉案件以决定是否起诉时，依法应当听取相关当事人的意见。如我国《刑事诉讼法》第173条第1款规定："人民检察院审查案件，应当讯问犯罪嫌疑人，听取辩护人或者值班律师、被害人及其诉讼代理人的意见，并记录在案。辩护人或者值班律师、被害人及其诉讼代理人提出书面意见的，应当附卷。"针对犯罪嫌疑人认罪认罚案件，刑事诉讼法及其司法解释均作出了更加全面、细致的规定。例如，检察院在审查起诉时，既要对案件实体性问题（包括犯罪构成要件的事实、罪名的确定以及法律适用的依据选择、量刑等）听取双方当事人及其"帮手"的意见，也要对案件的程序性问题（如审判程序选择等）征求意见。这些意见虽然不是检察院决定是否提起公诉的依据，但听取意见的过程，既能给被告方一个辩护的机会和平台，也能防止错误起诉或者错误不诉的决定，这种过程性的意见听取具有监督功能。

第二，对于人民检察院不起诉的决定，其公诉权受公安机关和当事人的监督。程序正义是刑事诉讼的基本理念，贯穿于刑事诉讼每个阶段，即便是作为国家法律监督机关的检察院，其起诉或者不起诉行为同样需要受到监督制约。这种监督来自双方当事人以及侦查机关。对于被害人的监督符合法理、情理，因为公诉案件被害人追究犯罪嫌疑人刑事责任的诉求从立案开始就完全"托付"给了侦查机关、检察机关，一旦检察院作出不起诉决定，反应最为强烈的自然是被害人，因此，检察院接受被害人的监督尤为必要。对于公安机关而言，如果对不起诉决定有异议，进行"救济"，这是刑事诉讼法"互相制约"原则的具体要求和体现。需要说明的是，对不起诉的监督并非不起诉决定生效的必要条件，或者说，不起诉因为受到监督降低期应有的积极功效。为了体现保障人权、程序公正和诉讼效率诉讼理念的要求，并主动回应宽严相济刑事政策，不起诉有着积极的法律和社会效应，2018年，全国检察机关对犯罪情节轻微、依法可不判处刑罚的决定不起诉 102572 人，同比上升 25.5%；对不构成犯罪或证据不足的决定不起诉 34398 人，同比上升 14.1%；对涉嫌轻微犯罪并有悔罪表现的未成年人附条件不起诉 6959 人，同比上升 16%。[①]

第三，法院对检察院诉的行为监督也是对公诉权监督制约的表现形式。根据刑事诉讼法及其司法解释的规定，法院对检察院诉讼的行为的监督主要体现在以下几个方面：一是通过受理公诉转自诉的案件，间接地否决检察院的不起诉行为；二是通过庭前审查，对检察院的起诉行为进行监督。例如，对于不符合审判管辖的案件；曾裁判过的案件，检察院没有新事实、新证据再行起诉的案件等，法院有权依法将案件退回检察院；三是审判期间，检察院提出撤回起诉要求，法院并非一定同意，只有当理由正当时，法院才会裁定准许；四是庭前会议期间，如果法院建议检察院撤回事实不清、证据不足的案件，检察院不同的，正式开庭审理后，检察院才提出撤回起诉的，法院一般不得同意；五是检察院指控罪名和法院审理认定罪名不一致的，法院将会变相“否决”检察院控诉罪名，按照自己审理认定的罪名作出裁判。

（二）我国公诉权制约机制存在的问题

基于上述的立法和司法规定并结合我国的司法实际，笔者认为我国有关公诉权制约机制的立法规定，有诸多不完善的地方，具体体现在以下几个方面。

第一，公诉人的诉讼地位决定了他在审查起诉阶段讯问嫌疑人和听取被害方意见的效果备受质疑。依据刑事诉讼法的规定，人民检察院在刑事诉讼中身兼二职：以监督者的身份对刑事诉讼实行法律监督，行使监督权；以公诉人的身份对犯罪嫌疑人实施控告，行使公诉权。尽管立法对检察机关如何

---

① 张军：《最高人民检察院工作报告》，载《最高人民检察院公报》2019 年第 2 号。

对刑事诉讼活动（包括侦查、审判和执行活动）实施法律监督作出了较为完善的规定，但是，法律对于与私诉权并立存在的公诉权是否实行国家监督、如何实施国家监督并未作出规定。基于此，作为以追诉犯罪为己任的公诉人在充分阅读侦查机关侦查卷宗并形成意见的基础上，法律要求其讯问犯罪嫌疑人、听取被害人及其代理人或者委托人意见后才决定是否提起公诉；这样的讯问和听取活动的效果不免让人有所怀疑。由于不是公开进行的而且这时的公诉活动不是辩论行为，没有司法监督，缺乏公信力。

第二，对于不起诉的决定，公安机关和当事人仅有事后监督权，而且监督乏力。尽管我国刑事诉讼法赋予了公安机关和被害人对不起诉决定有复议或者申诉的权力（利），但是复议或者申诉不影响决定的生效和执行。由于上级检察机关对公安机关的复议仅是书面审查，所以，很难从实体上改变检察机关原来的决定；虽然被害人对于检察机关维持不起诉的决定能够获得有效的司法救济——自诉。但不幸的是，检察机关在此情况下不再承担任何追诉责任，这种貌似公平的“公诉转自诉”的做法，可能带来两个方面的消极影响：一是检察机关推卸刑事追诉责任；二是被害人难以利用公共司法资源进行有效的追诉活动。可以说，“成功”地说服人民法院受理那些本应属于公诉范围的自诉案件之后，被害人将不可避免地陷入孤立无援的境地。

第三，人民法院对公诉权的庭前制约的力度有限。为了防止公诉权的不正当行使，西方许多国家都规定了公诉的庭前司法审查制度。在英美法系国家，庭前审查程序又称为预审程序。例如，英国规定，对于重罪案件必须适用预审程序，预审在治安法院的治安法官主持下进行，经过审查，预审法官可以作出两种处理决定：移送刑事法院审判或者撤销案件。在美国，预审是被告人的一项权利，可以选择放弃[①]。在日本，“检察官坚持不

① 樊崇义：《刑事诉讼法学》，法律出版社 2004 年版，第 393—394 页。

起诉的，由管辖地方法院依法确定是否将该案件交付法院审判；决定交付审判的，由法院指定律师公诉”[①]。在我国，关于法院对公诉权的庭前制约，《刑事诉讼法》本身并未作出规定，仅在相关司法解释中作出规定，《最高人民法院关于适用〈中华人民共和国刑事诉讼法〉的解释》（以下简称《高法解释》）第219条规定：“人民法院对提起公诉的案件审查后，应当按照下列情形分别处理：（一）不属于本院管辖的，应当退回人民检察院；（二）属于刑事诉讼法第十六条第二项至第六项规定情形的，应当退回人民检察院；属于告诉才处理的案件，应当同时告知被害人有权提起自诉；（三）被告人不在案的，应当退回人民检察院；但是，对人民检察院按照缺席审判程序提起公诉的，应当依照本解释第二十四章的规定作出处理；（四）不符合前条第二项至第九项规定之一，需要补充材料的，应当通知人民检察院在三日以内补送；（五）依照刑事诉讼法第二百条第三项规定宣告被告人无罪后，人民检察院根据新的事实、证据重新起诉的，应当依法受理；（六）依照本解释第二百九十六条[②]规定裁定准许撤诉的案件，没有新的影响定罪量刑的事实、证据，重新起诉的，应当退回人民检察院；（七）被告人真实身份不明，但符合刑事诉讼法第一百六十条第二款规定的，应当依法受理……”

第四，公诉变更制度缺乏法律依据。刑事公诉变更制度实际上是世界各国基于发现真实的诉讼目标而为弥补控审分离原则而作出的一项配套性制度的设计。它使人们在控审职能分离的格局下，仍然能及时矫正起诉指控中存在的错漏，最终发现实体真实。[③]刑事公诉变更包括撤回公诉、追加起诉和变更起诉，公诉变更制度体现了现代公诉权的裁量性和主动性。

---

① 王以真：《外国刑事诉讼法学》，北京大学出版社2004年版，第462页。

② 《高法解释》第296条：“在开庭后、宣告判决前，人民检察院要求撤回起诉的，人民法院应当审查撤回起诉的理由，作出是否准许的裁定。”

③ 樊崇义主编：《刑事诉讼法学》，法律出版社2004年版，第393—394页。

但是，如果不对这项权力加以限制，必然导致公诉变更权的滥用而扰乱正常的司法程序。我国不论是1979年的《刑事诉讼法》，还是1996年、2012年、2018年的《刑事诉讼法》均未对刑事诉讼变更制度作出明确的规定。但实际上，最高人民检察院于1999年1月18日颁布实施的《高检规则》对刑事公诉变更制度作出了系统、明确的规定，并延续至2019年修改后的《高检规则》。这意味着公诉机关在公诉权的行使过程中可以在程序上反复以弥补先行证据和事实的不足，这种缺乏法律依据又没有任何约束和限制的变更行为不仅有违现代刑事诉讼法的"程序法定原则"，而且公诉变更权的行使对被告人辩护权的行使也造成很大的冲击。

第五，检察机关的公诉活动缺乏公开性和透明度。即检察机关的起诉或者不起诉的决定基本上是通过封闭和单方面的方式作出的，其结论很难受到法院的司法控制和当事人的有力反驳。

四、强化我国公诉权制约机制的思考

（一）强化辩方对公诉活动的制约

1. 确保辩护人在审查起诉阶段的诉讼权利有效行使。鉴于我国辩护律师在审查起诉阶段诉讼权利被打折扣的现实，立法完善应在强化律师权利的落实上有所突破。例如，建立妨害律师依法行使诉讼权利的惩罚性制度。在诉讼权利行使的范围和力度上应适度提升，具体包括：保证律师等辩护人充分的阅卷权；明确侦查阶段有利犯罪嫌疑人对有利证据的收集权；明确公诉机关不采纳辩护律师意见的释明义务等。

2. 强化被不起诉人对检察院不起诉决定的监督。从现行刑事诉讼法及其司法解释的规定来看，被不起诉人对不起诉决定的监督与被害人的监督并不对称，强度明显低于被害人。被害人对检察院不起诉决定不服，不仅享有公诉转自诉的救济抑或监督权利，而且可以向上一级检察院申诉，通过检察院上对下的监督，实现外部监督和内部监督相结合的双重监督；而被不起诉人的监督首先有案件性质的限制，即被不起诉人对不起诉决定不服的案件，仅限于相对不起诉的案件，这就使得被不起诉人对检察院监督的范围缩小，另外，被不起诉人对不起诉决定的救济只能向作出不起诉决定的检察院提出，救济或者监督渠道狭窄，而且由作出不起诉决定检察院自我监督，监督力度被打折扣。

（二）完善被害人一方对公诉活动的制约机制

现行刑事诉讼法关于被害人一方对公诉权的制约存在两个方面的问题：首先，借鉴日本、德国等国家的做法，赋予被害人申请法院裁定检察院提起公诉的权利。当然，这项权利的行使必须要具备一定的条件，一是被害人在检察院作出不起诉决定后，收集到确实、充分的证据，证明被不起诉人依法应当被追究刑事责任，或者提供重要的证据线索；二是由被害人及其法定代理人或者近亲属向法院提出书面申请；三是在法定期间内提出申请。其次，赋予被害人在特定案件中对判决向享有上诉权。尽管学界关于赋予被害人上诉权的主张自20世纪90年代以来一直未曾停止，但刑事诉讼法几次修改时都没有赋予被害人上诉权。在笔者看来，赋予被害人在符合法定条件的情形下可以行使上诉权，赋予被害人上诉权不仅是被害人权利救济的应有之义，也是对检察院抗诉权利的另类监督。被害人行使上诉权的条件包括案件限制、证据条件等。

（三）提高法院庭前审查程序对公诉权制约程度

既坚持庭前实体审查，又要克服先定后审、庭审走过场等弊端，最好的办法就是在法院内部再设置独立的预审庭，单独定编法官，不得由刑事审判庭的法官兼任。我国现行刑事诉讼法虽改变了以前完全进行实体审查的做法，但也未实行严格意义上的程序审查，实体审查的印迹依然存在。因此，在我国，仍有使庭前审查法官和审判法官相分离的必要。

（四）增强公诉活动的透明度，建立公诉活动的听证程序

笔者建议将来立法完善时，规定公诉机关在决定起诉或者不起诉时，为犯罪嫌疑人和被告人设立要求举行听证的权利并告知；而是否启动该程序取决于当事人的态度。

（五）从立法上对公诉机关变更公诉的权力进行规范并作严格的限制

根据程序法定原则，基于保障人权的需要，凡是涉及司法机关职权配置和当事人重大权益保障的事项，都应当由立法机关通过法律的形式加以明确规定，而不应由其他任何机关（包括司法机关）以任何形式作出有利于自己办案需要的规定。从国外的规定来看，检察机关变更公诉时，法官应当给予被告人辩护的机会。我国立法也应当在规定公诉机关享有变更公诉权并严格规定适用条件的同时，赋予被告人享有申请延期审理的权利。法院也有义务在公诉机关变更公诉时及时通知被告人享有申请延期审理的权利，以实现平衡。

第四节　行刑主体改革：从多元化到一体化[①]

2014 年 10 月 23 日，中国共产党第十八届中央委员会第四次全体会议表决通过的《中共中央关于全面推进依法治国若干重大问题的决定》提

① 胡志斌、徐和平：《从多元化到一体化：行刑主体改革的路径选择》，载《安徽广播电视大学学报》2013 年第 1 期。

出“完善刑罚执行制度，统一刑罚执行体制”。此后，围绕刑罚执行权体制的问题，学术开展较为广泛的探讨，但观点不尽统一，但整体上趋同一体化或者一元化执行体制，“一元化”观点由来已久。[①]有的学者认为，域外刑罚执行体制普遍采取“一元化”模式，并大多选择了由司法行政机关主导的统管机制[②]。有的学者主张通过挖掘我国现行刑罚执行体制问题以强调“一元化”模式价值，包括强化协作、优化效能以及理顺公检法司关系的价值[③]。学术界也存在对“多元化”模式进一步完善的见解，但并不完全主张“一元化”[④]。在笔者看来，一元化是行刑体制改革的目标至少可以说是中期目标。

一、对我国行刑主体多元化的反思

根据现行立法，我国行刑（执行刑罚）主体包括法院、公安机关、监狱以及看守所等，表现出多元化的特点。在刑事诉讼中，鉴于法院、公安机关和看守所的性质与诉讼职能定位，由其承担行刑任务至少存在以下几个方面的理论和现实困境。

（一）法院作为裁判者的固有角色，兼具执行者的身份有违中立的司法原理

在古今中外的刑事司法机关的职能定位中，法院大多是作为裁判者而存在的。在人类诉讼史上最早存在的弹劾式诉讼特别强调裁判机关的消极“仲裁者”角色，尽管后来的纠问式诉讼一度使追诉、审判和执行权力集

① 冯卫国：《论刑事执行权的合理配置》，载《法学论坛》2010年第1期。
② 宗会霞：《刑罚执行一体化的基本步骤与风险应对》，载《政治与法律》2018年第4期。
③ 陈瑞华：《司法行政机关的职能定位》，载《东方法学》2018年第1期。
④ 马登科：《审执分离运行机制论》，载《现代法学》2019年第4期。

于法官一人之身，但这种缺乏理性的诉讼模式终究被近代资本主义时期混合式诉讼所取代。混合式诉讼非常注重刑事诉讼角色的单一性和诉讼公权力的制衡。不论是现代西方国家的当事人主义的诉讼模式，还是职权主义诉讼模式，都凸显法院的裁判者角色，英美法系国家更是倡导审判中心主义，在绝大多数国家的刑事诉讼制度构造中，法院除了裁判之外，“无所事事”。对于法院裁判者角色的专一定位，实际上就是对诉讼独立和诉讼中立司法原理的应然回应。换言之，法院要保持其中立的诉讼的地位，保持诉讼中的不偏不倚，则不能身兼二职，只能专司裁判职能。

然而，在我国，不论是刑事实体法，还是刑事程序法，均规定人民法院不仅是刑事案件的审判者，而且是生命刑、财产刑的执行机关，兼负部分行刑职能。这种制度设计显然与法院裁判者的角色定位相悖。因为行刑角色的介入使得原本独立、中立的裁判者演变成了治罪者，这种角色转换可能给罪犯及其亲属带来这样的心理疑云：法院是否为了将来治罪的欲望，而预先不公正地裁判自己有罪。故此，为了体现公正，法院不宜再承担行刑任务。另外，多年来，在法院法官资源相对紧缺的情况下，民事裁判的“执行难”已经使法院重负不堪，饱尝了“吃力不讨好”的苦果，如果再将行刑尤其是罚金、没收财产等财产刑的执行交由法院承担，必然会加重法院的负担。[①] 可见，让法院承担行刑职能不仅在法理上难以成立，而且实践上也容易遭遇困境。

（二）公安机关作为国家治安保卫部门和刑事侦查机关，并不完全具有行刑能力

在我国，公安机关是国家的治安保卫部门和刑事诉讼的侦查机关。维

---

① 钱六叶：《论中国罚金刑的改革与完善——以探寻罚金刑执行难之解决方案为视角》，载《法学论坛》2006 年第 4 期。

护社会治安是公安机关固有的法定职能，其对社会治安的维护主要是通过查处各类行政违法行为、调处各类民事纠纷来实现的。由于犯罪是行政违法的“高级形态”，因此，法律还赋予了公安机关对刑事犯罪的侦查职能。与这些法治职能相适应，我国公安机关的组织体系、警种设定都充分地体现了查获、处理、打击和预防等职业特色，具有明显的专业性和职业针对性。

按照我国刑事法律的规定，管制、剥夺政治权利、缓刑犯、假释犯等均由公安机关执行。然而，我国公安机关组织和人员的设定并没有对行刑作出针对性的回应，对此，我们难以相信其如何有效地承担以教育、改造为内容的行刑职能，因为行刑是一项特殊的法律职业活动，它与公安机关的行政执法以及刑事侦查活动相比，有着自己独特的职业属性和职业要求。除了死刑之外，刑罚的执行方式包含教育、改造、挽救、劳动等，为了达到应有的行刑效果，行刑主体不仅要保证行刑场所等硬件设施的专业化，也要确保行刑人员的专业化。就前者而言，实际上就是劳动改造机构及其附属设施的专业化建设问题；而后者则是行刑警察队伍的专业化建设问题，它要求行刑警察必须具有对罪犯实施道德教化、法制教育、心理疏导、劳动改造等方面的职业技能。可见，从行刑的组织建设、硬件建设和警种匹配上看，公安机关并不完全具备行刑的专业化条件。

（三）看守所的本职是刑事诉讼的审前羁押，代为执行部分刑罚的效果有限

按照我国《看守所管理条例》的规定，看守所的组织性质是“羁押依法被逮捕、刑事拘留的人犯的机关”。虽然该条例同时也规定：“被判处有期徒刑一年以下，或者余刑在一年以下，不便送往劳动改造场所执行的罪犯，也可以由看守所监管。”但这一规定并不改变看守所作为服务于侦查、审查起诉和审判的羁押场所的组织性质。也正是基于这样的组织及其职能

的定位，看守所的硬件建设更加突出密闭、严守、看管等，为了安全考虑，看守所还派驻了武装警察部队，这足以说明看守所的“看”和“守”的职能特点。

基于看守所的职能和组织定位，如果将拘役、短期的有期徒刑交由看守所代为执行，执行活动难以规范化、职业化，执行效果自然难以最大化。[①]其根本原因在于：第一，执行场所的限制。看守所一般设在城市（包括县城），是一个纯粹的羁押场所，而真正以行刑为职能的组织通常是一个封闭的工作区。可见，看守所在行刑方面缺失劳动教育改造的“基地”和设施，行刑效果难以保证；第二，执行人员的非专业化。看守所里面的工作人员主要有三类，即普通的公安民警、武警以及派驻看守的检察人员。这三类人员无一是专业化的行刑人员，而且他们都有着自己的“主业”，对罪犯的改造效果自然被打折扣。从看守所对罪犯的行刑实践来看，也只是让其在看守所里协助警察做一些辅助性的劳务（如打扫卫生、协助炊事等），缺乏专业意义上的劳动教育改造。

二、行刑主体一体化的内在逻辑

基于上文分析，有必要对我国行刑体制实行一体化的改造，其内在逻辑性在于以下三个方面。

（一）刑事司法机关诉讼分权的要求

刑事诉讼法直接关乎诉讼参与人尤其是犯罪嫌疑人、被告人的人权。为了保障刑事诉讼中犯罪嫌疑人、被告人人权不受刑事司法机关的侵犯，现代法治国家普遍通过刑事诉讼立法规定了侦查权、控诉权、审判权、行

---

① 钟朝阳：《论我国未决羁押制度的改革》，载《江西社会科学》2010年第1期。

刑权分别由不同的刑事司法机关来行使，而且彼此之间还有一定的监督制约机制，以防止某项刑事诉讼公权力的滥用。现代刑事诉讼的实质就是国家诉讼权力和犯罪嫌疑人、被告人诉讼权利的一场博弈。基于此，在犯罪嫌疑人、被告人看来，刑事司法机关（包括侦查机关、检察机关、审判机关以及行刑机关）的任何诉讼职权行为只要对自己不利，尽管这种行为本身是公正的，犯罪嫌疑人、被告人也可能会对刑事司法机关产生“敌意”。由于刑罚的执行是刑事诉讼的最后一个环节，因此，为了避免因“敌意”而产生抵触改造的情绪滋生，先行行使刑事侦查权、控诉权和审判权的任何一方主体都不应再次与罪犯“打交道”，刑罚的执行应当交由一个独立于侦查机关、控诉机关和审判机关之外的主体来承担。

总之，在刑事诉讼中，各种刑事司法主体只能专司一职，“唱独角戏”，这既是相互配合与制约的宪法规定在刑事诉讼法中的具体体现，也是刑事诉讼程序正当性的必然要求。在现实中，刑罚权由公安机关、隶属于公安机关的羁押机构以及法院行使的制度设计违反了刑事司法机关互相配合与制约的要求，为此，有必要将行刑权从行刑阶段前的刑事司法机关手中分离出来，通过制度重构，实现行刑主体的一体化。

（二）行刑专业化的内在需要

行刑专业化是现代刑罚制度文明的标志，直接影响着行刑的实际效果。行刑专业化首先要求行刑主体的专业化，只有做到了专业化，才可能保证行刑效果的最大化和一体化。就行刑专业化的内容而言，主要包括以下三个方面：

第一，行刑组织的专业化。行刑组织专业化要求刑罚执行组织或者机构由国家依法专门设立，专司罪犯教育改造职能。为了规范专业化行刑组织的设立及其职权职责等，多数国家通过监狱法律加以具体规定，如我国《监狱法》第2条明确规定：“监狱是国家的刑罚执行机关……”同时《监狱法》第11条还进一步规定："监狱的设置、撤销、迁移，由国务院司法行政部门批准。"这些规定体现了行刑组织的法定化和专业化要求。

第二，行刑设施的专业化。行刑的过程是一个融劳动、教育、感化、监管等手段为一体的刑事司法行为，它要求行刑组织必须要有承载这些司法行为的专业化设施或设备等硬件条件，如劳动场所、教育设施设备以及其他物质条件等。

第三，行刑人员的专业化。行刑人员专业化不仅要求行刑人员具备良好的行刑职业素质，而且尽可能专职化。就行刑人员的职业素质而言，主要包括满足行刑职业需要的专业素质、业务能力以及职业道德素质等。专业素质主要包括法律知识、心理知识、教育学知识等，而业务能力则主要是行刑岗位上的具体管理能力、组织能力、监管能力等。

按照行刑专业化的要求，公安机关、看守所和法院显然难以达标，在缺乏行刑主体协调机制的情况下，这些互不隶属的行刑主体难以与监狱形成一体化的行刑理念和行刑行为，由此必然会造成国家行刑制度的分化和刑事司法的不统一。这不仅会破坏国家法制的统一性，同时也严重影响行刑的实效性。所以，基于行刑专业化、规范化的要求，被割裂的行刑主体应当通过制度的重构而达到统一。

（三）缓解警察资源和法官资源紧张的需要

在刑事诉讼中，公安机关的基本职能是侦查，看守所的首要任务是看管，法院的"本分"是裁判。然而，我国刑事法律却赋予这三个机关或组织兼负部分刑罚的执行责任，单从我国警察资源和法官资源的现状来看，这种制度设计势必会使供不应求的警察资源和司法资源更加趋紧。由于我国社会治安形势一直处于复杂、多变的状态，警察资源（包括配置于看守所的警察资源）都较为紧张。在警察资源紧张的状况下，让公安机关及看守所兼负行刑职能，其效果难免被打折扣。再就法官资源而言，自2009年，我国诉讼、准诉讼、类诉讼涉案人数达1亿2千万之多，占全国人口的9.2%。可以说，我国已经进入"诉讼社会"。[①]在这样的社会背景下，公众对法官资源越来越多、越来越优的需求已成为必然。然而，法官资源的供求矛盾日益突出，一些基层法官已重负不堪，如北京市朝阳区2010年某法官一人审结案件889件，并因超负荷书写判决书，导致肌肉劳损。[②]如果能够将法院的执行刑罚的职能剥离出去，必然有利于法院将宝贵的法官资源用于裁判，促进审判质量和效率的提高。

总之，在警察和法官资源较为紧张并有加重趋势的背景下，将部分刑罚的执行交给公安机关及其所属的看守所、法院，不仅不利于这些刑事司法机关应然职能的发挥，同时也影响刑罚执行的实效性。对此，唯有实现行刑主体专门化、一体化，公安机关和法院才能够从行刑的困境中得以"解脱"，警察和法官资源紧张的状况也才能够在一定程度上得以缓解。

三、行刑主体一体化的基本构造

针对我国行刑主体多元化所带来的诸多理论和现实困境，根据刑事司法机关诉讼分权、行刑专业化以及缓解警察和审法官资源紧张的内在需要，应当整合被割裂的行刑权，实现行刑主体一体化，具体构想如下。

（一）公安机关和法院的行刑权交由司法行政机关统一行使

根据上文分析，行刑主体一体化是我国行刑制度改革的应然要求。在行刑主体的定位上，将其确定为司法行政机关较为适宜，由司法部统一领导全国的行刑工作，各省（自治区、直辖市）司法行政主管部门具体领导

① 张文显：《联动司法：诉讼社会境况下的司法模式》，载《法律适用》2011年第1期。
② 李娜、周维琦：《写判决书导致肌肉劳损》，载《法制日报》2011年1月28日。

本行政区域内的行刑工作，并接受司法部的业务指导。在此前提下，应当将公安机关和人民法院承担的各种刑罚的执行权分离出来，交由司法行政机关，由其统一负责行使。行刑的具体组织根据刑罚的种类分别设定，大致包括监狱、看守所（看守所管理体制与行刑机制的完善下文详述）、市或县级司法局。

在体现刑事司法分权、行刑专业化等改革理念的基础上，这种管理体制的重构还可以解决司法行政机关不“司法”的窘局。长期以来，针对司法行政机关无司法权的问题，理论和实务部门给予了不少的关注，多数学者认为司法行政机关自上而下组织体系、人员配置几乎一应俱全，应当赋予其相应的司法权。然而，因其缺乏刚性的司法权力，司法行政机关并未有统一的定位，甚至有学者认为司法行政机关没有独立存在的必要[①]。一旦立法赋予司法行政机关行刑权，既可以避免司法行政机关不“司法”的尴尬，也可以提高司法行政机关法治资源的利用率，同时还可以缓解公安机关、人民法院的法治资源日益紧张的局面。

在行刑职能的具体分配上，首先保持监狱、看守所行刑对象和内容的恒定不变；其次将公安机关、法院承担的行刑职能全部交由市县级司法局。其中，死刑的执行由市级司法局负责执行，其他的交由县级司法局负责执行，并由公安机关予以配合，检察院予以监督。

（二）改革看守所管理体制，并实现看守所行刑的专业化

首先，将看守所的管理权统一交由县级以上司法行政机关，明确看守所的职责是羁押未决犯和改造已决犯，并制约侦查机关的侦查行为。同时，看守所不再承担配合侦查机关收集证据和追究犯罪的责任，以实现看守所

① 高通：《我国司法行政机关定位的历史变迁与反思》，载《山东大学学报》（哲学社会科学版）2012 年第 2 期。

在刑事诉讼中独立和中立的诉讼主体地位。这样既有利于行刑组织、行刑制度和行刑管理的一体化，以彰显行刑法制的统一；也有利于有效避免因看守所隶属于公安机关而容易造成侦查机关刑讯逼供等非法侦查行为的发生。其次，根据行刑专业化、规范化的需要，应当对看守所进行专业化的行刑制度改革。在改变看守所管理体制后，对于看守所的警察应当按照监狱警察的标准进行规范管理并实行专业化分工，看守所警察大致可以分为两类：一是看管型警察，专门负责对犯罪嫌疑人、被告人的羁押监管和对侦查活动的监督；二是改造型警察，专门负责对已决犯的刑罚的执行与改造。就短刑犯的劳动改造而言，由于在看守所就地增设劳动改造基地成本较高，不具有可操作性，笔者认为，可以由看守所定期组织短刑犯到社区参加义务劳动或参加其他公益性劳动，这样既能解决看守所劳动改造的基地问题，还能让罪犯接触社会，感受行刑的文明，体验行刑的人性化关怀。①

---

① 胡志斌：《转变看守所管理体制的探讨》，载《中国监狱学刊》2008年第3期。

第四章

刑事诉讼制度与司法文化的良性互动

自20世纪80年代起中国兴起“文化热”，并于90年代初波及法学领域，“法律文化”的研究逐渐成为法学界的一大热点问题。任何制度的产生演变，都植根于一定的文化之中，司法改革也同样不能忽视其文化背景。通过内外文化的有机整合，培育出适合我国的现代司法制度的文化土壤，进而推动我国司法改革的顺利进行。[①]因此，在刑事诉讼制度的改革与完善时，有必要进行诉讼文化的理论探讨。

第一节 诉讼文化概述

一、法律文化

文化，无论是从社会学、政治学、经济学、人类学的视野考察，都是一个争议极大的多义词。不同的研究者从各自的标准出发，给“文化”以不同的定义，赋予其不同的内涵。因此，即便是专门研究文化概念的学者也感慨：“企图或者声称给文化概念确定范围是徒劳的。”尽管如此，通过对学者们各种文化概念的分析，仍可归纳出三种不同的文化观：第一，广义文化观，即“指人类社会历史实践过程中所创造的物质财富和精神财富的总和”；第二，狭义文化观。文化是指人类在长期的历史实践过程中所创造的精神财富的总和，即“精神文明”；第三，最狭义的文化观，即人们对

① 谭世贵：《司法改革的理论探索》，法律出版社2003年版，第31页。

自然、社会的各种观念形态的总和，它是“一定社会的政治和经济在观念上的反映”。前述法律文化的三种定义对其完全适用，只需将“法律”两字替换为“诉讼法律”即可。[①]“法律文化”作为法理学理论中的一个概念，它是指每一代人从其生活环境，尤其是前人的经验中学习而来的有关法和法律的知识。[②]

法律文化总是与法律意识、法律思想有机联系在一起的。法律意识是法律文化观念的基本构成要素，是人们关于法和法律现象的理性认识，具有系统化、理论化、学术化的特点。而法律思想必然成为法律意识的核心。法律文化从法的精神上说，可以分为人治的和法治的；从现代化理论来说，有传统的和现代的。要想理解、掌握它与法制现代化的关系，必然要求大家首先掌握法律文化的结构。法律文化的结构可以分解成表层、中层、深层三部分。其中的深层结构则是指法律文化本身的精神、价值体系以及法律意识。作为法律文化精髓的法的传统在法律意识的形成中起着传承和启迪的作用，是法律心理的重要渊源之一。[③]

关于法律意识与法律文化的区别与联系，我国法学界大致有三种观点：第一种，把法律文化等同或者归结于法律意识，即认为“法律文化实际上是关于法律产生、发展以及运行机制的各种观念的总和”[④]。第二种，把法律意识看作法律文化的组成；第三种，把法律文化看成法律意识的组成部分，认为法律意识包括两大部分，即意识形态部分和法律文化部分。[⑤]

---

① 宋英辉：《刑事诉讼原理导读》，法律出版社 2002 年版，第 26 页。

② 葛洪义：《法理学》，中国政法大学出版社 2002 年版，第 183 页。

③ 葛洪义：《法理学》，中国政法大学出版社 2015 年版，第 188 页。

④ 杜万华：《法律文化的几个问题》，载《法律社会学》，山西人民出版社 1988 年版，第 181 页。

⑤ 孙国华：《法学基础理论》，中国人民大学出版社 1997 年版，第 306—308 页。

二、诉讼文化

文化、法律文化、诉讼文化是处于三个不同位阶层面、内涵呈递进关系的关联概念，对诉讼文化的分析离不开对文化、法律文化含义的界定。诉讼文化是随着国家、法律的产生和司法救济手段的出现而产生的。[①]随着私有制和阶级的出现，社会成员间日益普遍的纠纷和冲突威胁着社会存续所必需的生活秩序，“自力救助”已不能适应维持社会生活秩序的要求。于是，逐渐形成了审判权，并由设定的机构行使。这种由国家设定机关通过行使审判权，以第三者的身份来解决社会冲突的活动，就是诉讼。诉讼机制的产生意味着诉讼文化开始形成。

关于“诉讼文化”的概念，要在着手研究之初准确无误地概括和表达它的全部内涵，不是一件容易的事情。根据社会学关于“文化”概念的基本要求，诉讼文化是人们对各种诉讼现象（如诉讼制度、诉讼组织、诉讼设施、诉讼活动等）所持的诉讼心理、思想和价值观。[②]诉讼文化具有群体性、稳定性、限时性、地域性、对应主体上的可分性、可选择性等特点。[③]

第二节　我国刑事诉讼制度改革与诉讼文化的关系

刑事诉讼制度的改革与完善是对现有的诉讼制度的变革，刑事诉讼制度是有关司法机关的性质、任务、组织体系、职权或职责、活动规则以及诉讼参与人诉讼权利、诉讼义务等规范的总称。正如有的学者所言：“多

---

① 《马克思恩格斯选集》（第四卷），人民出版社 1985 年版，第 92—93 页。

② 王德新：《诉讼文化冲突与民事诉讼制度的变革》，知识产权出版社 2017 年，第 22 页。

③ 孙记：《诉讼文化的重新界定》，载《内蒙古社会科学》（汉文版）2015 年第 1 期。

元诉讼文化之间的冲突往往是诉讼制度变革的前奏和思想动力。”[①] 这种影响和制约主要表现在以下两个方面。

第一，刑事诉讼改革完善的立法模式受到诉讼文化的影响。当前我国诉讼制度改革的立法思路是立足中国本土，借鉴移植西方部分诉讼原则和制度。这种立法模式实际上就是受本土诉讼文化和西方诉讼文化的共同影响所作出的理性选择。

第二，刑事诉讼改革的实际运行受文化的影响最深。因为价值目标和立法模式还只停留在理论层面，而实际运行则直接关系到人们的具体行为，体现在这些行为上的文化必然会排斥、抵制新的改革措施，从而影响和制约着改革的顺利进行。[②]

当然，诉讼原则和制度的改革也在一定程度上推动诉讼文化的发展。诉讼文化既具有一定的稳定性，也有一定的动态的发展性。当刑事诉讼基本原则和制度进行变革，新的原则和制度经过一定时期的磨合，必然会对司法人员及社会成员的传统诉讼理念和诉讼习惯带来深刻的影响，新的诉讼文化因为诉讼制度的改革逐步形成并最终取代旧的诉讼文化。可以说，刑事制度改革的过程，其实质就是新旧诉讼文化对抗、消长的过程。这对我国刑事诉讼改革同样具有参考价值。

第三节　我国刑事诉讼改革的文化冲突

如前文所述，我国刑事诉讼的改革实质上就是立足本土诉讼文化的传统基石，借鉴移植部分西方诉讼文化。但是两大诉讼文化的差异性和冲突

---

① 王德新:《诉讼文化冲突与中国民事诉讼制度变革七十年》，载《山东大学学报》(哲学社会科学版) 2019 年第 2 期。

② 谭世贵:《司法改革的理论探索》，法律出版社 2003 年版，第 34 页。

性在一定程度上又影响了诉讼改革的畅行。

一、中西方诉讼文化概述

在不同社会环境、经济条件基础上生成的法律以及与之密切相关的诉讼文化，必然呈现出不同特点。从诉讼文化的总体精神和宏观样式来看，诉讼文化的形成和演变主要有以下两种类型。

（一）西方诉讼文化

所谓西方诉讼文化，实际上是大陆法系和英美法系国家诉讼文化的总称。西方诉讼文化的基本内核是注重和实现对个人权利的尊重与保护。希腊文明是西方法律及诉讼文化演进的基础。古代希腊法律对罗马法的产生有重大影响。罗马法作为“商品生产者社会第一个世界性法律”，[①]是以权利为本位，反映商品关系一般法权要求的规范。诉讼被视为权利遭到侵害或发生冲突时借助国家强力保护的最有效的最终的手段。

当代西方国家普遍实行公开审判制度、律师辩护和代理制度，推行自由心证和无罪推定原则，注重对诉讼当事人诉讼权利的充分保障，诉讼活动的公开性或透明度都比较大。但是，就诉讼结构而言，西方国家并非完全同一，存在着职权主义模式和当事人主义模式之分。职权主义诉讼模式实行于大陆法系国家。职权主义诉讼起源于罗马帝国，特别是西欧中世纪宗教法庭所实行的纠问式程序。当事人主义诉讼起源于英国中世纪的控告制诉讼，职权主义诉讼与当事人主义诉讼相比，前者注重实现真实的追求，后者则强调正当程序的恪守。[②]

---

① 《马克思恩格斯选集》（第四卷），人民出版社 1985 年版，第 248 页。

② 沈宗灵：《比较法总论》，北京大学出版社 2000 年版，第 131 页。

（二）中国诉讼文化

中国法制的历史，源远流长，经过了四千多年漫长的发展过程，形成了独树一帜的法律文化。中国传统法律不是以保护人的基本权利为自己的价值目标，而是以确认人的职责和义务为明确目的。与此相适应，传统诉讼文化也具有等级性、封闭性、专制性等特征。

就具体诉讼制度而言，中国古代诉讼具有以下几个特点：最高司法权由皇帝掌握，皇帝操生杀予夺大权，他可以下令逮捕和处置任何人，可以亲自审理裁决任何案件；司法隶属于行政；维护统治者特权，维护宗法制度和家族统治，实行公开的不平等；没有专门的诉讼法典，程序法和实体法合而为一，刑事诉讼与民事诉讼没有明显区别；适应专制统治需要，实行纠问式诉讼，审判机关可以主动追究犯罪，兼施控诉与裁判职能；被告人没有独立的诉讼地位和诉讼权利，被告人的口供是“证据之王”，刑讯逼供被“合法化”；实行罪从供定和有罪推定原则。①

因此，对中西传统诉讼文化进行比较，有助于从历史的角度洞悉差异，审视现状，构建未来。②

二、中西传统诉讼文化的差异

通过前文的简要介绍，不难看出中西方传统诉讼文化不论是诉讼的理念还是具体的制度都存在较大的差异，具体表现在以下几个方面。

（一）中国古代“无讼”与西方传统“正义”

一个国家或者地区的诉讼文化的价值取向决定了诉讼文化的基本特

---

① 陈光中、沈国峰：《中国古代司法制度》，群众出版社 1984 年版，第 214—220 页。

② 吴卫军：《刑事司法的理念与制度》，中国检察出版社 2004 年版，第 29 页。

征，同时又深深影响着司法实践的运作机制和决策程序，比较中西传统诉讼文化的差异首先由此展开。

如前文所述，中国传统诉讼文化的价值取向中，还讲求“无讼”，追求和谐与秩序。而在古希腊时期，“法”（jus）与“正义”（justice）紧密联系在一起。柏拉图的《理想国》有一节标题即为“论正义”，主要围绕正义来阐述其法律、政治思想。到了古罗马时期，自然法思想得以萌芽并发展起来，正义开始被明确视为法的目的和衡量标准。此时，适用法律的诉讼活动开始被认为是寻求和培植自然正义的活动，法官也被视为正义的传播者。《学说汇纂》中，对司法官的职责是这样定位的，“人们有理由称我们为法的司铎，传播善良和公正的知识；区分公正与不公正，区别合法与非法”[①]。

到了中世纪时期，神学思想统揽一切，法学也成为神学体系的一个分支，被奥古斯丁、伊西多、托马斯·阿奎那等神学政治家以上帝名义重新加以检视。此时，正义成了上帝的一种意志，它通过永恒法、自然法和神法所体现出的理性为人定法的制定和执行指明了方向。正如休斯勒指出的那样，翻开中世纪日耳曼的法律典籍，其通篇驰骋的观点是：法——“人们对上帝所创造的公正和真理的一种追求”。与此相对应，法官的职责就是依据理性和良心原则作出裁判，确保案件审理的公正性和客观真实性。由此，不论是宗教法庭，还是世俗法庭，适用法律的诉讼活动仍然被视为寻求正义的活动，只不过此时的“正义”已打上了神的烙印，成为上帝意志的体现。到16世纪以斯宾诺莎、洛克、孟德斯鸠、卢梭、伏尔泰等人为代表的启蒙思想家摆脱了“神示正义”束缚，赋予“法”以新的涵义，将其与公平、正义、人的理性等联系起来。继古典自然法学派之后兴起的历史法学派和分析法学派，同样将正义与法律紧密联系在一起，只是前者

① 黄风：《学说汇编》，载《政法论坛》1990年第3期。

视正义为民族传统和习惯中体现出的人民意志，后者一般从功利主义的视角来诠释正义。

（二）实体程序浑然一体与程序独立规范的不同

中国古代的法律结构不仅“民刑不分”，而且实体法与程序法也没有截然的区别，这种传统诉讼文化非程序化的特征主要表现在以下几个方面。

1. 在中国古代，由于深受儒家“非讼”思想的深刻影响，打官司告状在本质上被视为一种不道德的行为，自然应当越少越好。由此导致了家族内部裁判、民间调解等非讼争端解决方式在中国古代的盛行，以至于成为传统社会中国诉讼文化的一大特色。对此，笔者前文已有探讨，恕不赘述。

2. 中国古代诉讼程序立法的非独立性或单一性。以中国古代的第一部成文法典为例，《法经》共六篇：《盗》《贼》《囚》《捕》《杂》《具》。其中《囚》《捕》两篇中包含了大量有关刑事诉讼的程序规定。受其影响，从秦、汉直至唐、宋、元、明、清，有关诉讼程序的规定都是较为零散地分布于历朝各代的法典中。

3. 司法行政不分，行政兼理司法并主导司法。历代中央虽然设置司法机构，但是，辅佐皇帝的重臣，如丞相、宰相、内阁大臣等完全可以过问司法。中央某些行政机构长官也可以干预或者参与司法，而司法长官一般无权过问行政。在历代统治者看来，审理案件、裁断纠纷只是行政长官治理社会的方式之一，诉讼运作更多讲究情、礼、法的统一，不需要专门的技能，自然也排斥一个与行政长官分享权力的法律职业阶层的形成。

4. 诉讼运作的非程序化。受传统伦理道德的影响，中国古代诉讼非程序化和统一化的现象非常突出，强调遵循礼教和维护纲纪伦常，从而导致司法实践中诉讼运作的个别化色彩浓厚。

相比之下，西方国家在古代诉讼立法及司法实践中一直比较注重程序的价值和作用，从而形成了自己传统诉讼文化的特色，具体表现如下：

1. 诉讼被视为实现社会公正的一种的重要手段。早在古希腊、古罗马时期，人们对于生活中发生的矛盾和纠纷，愿意求助于诉讼加以解决，这就客观上导致对程序的重视及程序立法的发达化。此外，在古罗马法的发展过程中，私诉程序还先后呈现出法定诉讼、程式诉讼、特别诉讼等三种不同的形态。[①] 古希腊也根据案件性质不同，形成了由不同陪审法庭审理的诉讼制度。这种细密精致的分工既显示了古希腊、古罗马社会立法技术的高超，也反映了当时对诉讼程序规范化的重视。

2. 拥有专业化的法律职业阶层。考察西方法制史，就会发现，与中国古代不同，西方很早就形成了特定的法律职业阶层，且数千年来绵延不断，持续至今。早在古罗马时期，便活跃着一群职业法学家，他们通过解答法律问题、指导诉讼、撰写契据、注释与编辑罗马法的各种渊源、著书立说，极大地推动和影响着罗马法的发展。[②]

3. 诉讼运作程序化、正规化历史悠久。早在古罗马时期，诉讼运作依案件性质不同而采用不同的程序，表现出很高的规范性。例如，在古罗马，依当事人所适用之属人主义法律，提起诉讼的形式，有市民法诉讼和大法官诉讼。另外，根据罗马私法诉讼程序发展史来划分，可以将诉讼分为法定诉讼（公元前 1 世纪前）和程式诉讼（公元前 1 世纪至公元 2 世纪）。公元 3 世纪以后，与程式诉讼同时存在的还有特别诉讼。罗马法关于诉讼时效规定的提出也较早，如公元 5 世纪，规定了诉讼时效的期限为 30 年，并规定了不同权利的起算时间、停止进行和中断等，以保护当事人的权益。[③]

---

① 何勤华：《外国法制史》，法律出版社 1997 年版，第 97—98 页。

② 何勤华：《外国法制史》，法律出版社 1997 年版，第 123 页。

③ 由嵘：《外国法制史》，北京大学出版社 2003 年版，第 86 页。

（三）礼法融合与宗法不分的反差

中国古代传统诉讼文化具有强烈的伦理色彩，而西方传统诉讼文化被深深地打上了宗教的烙印，这是中西诉讼文化的又一重要区别。

中国传统诉讼文化的伦理性，也有学者称之为“诉讼的道德化”，是指儒家伦理的原则支配和规范着法的发展，成为诉讼立法与司法实践的指导思想，同时人们对诉讼的认识又深深渗透着儒家的伦理精神。

就中国传统诉讼文化伦理性来说，大致体现在以下几个方面：一是表现在对“诉讼”的认识上。正如前文分析的那样，无论是普通民众，还是清官廉吏，从观念上都视“诉讼”为一种恶，一种不道德、不光彩的行为，因而诉讼的目的不是或者主要不是为了裁断纠纷，而是为了实现“无讼”，为了“明刑弼教”。二是法典的伦理化。三是诉讼实践的伦理化。

西方各国由于特定的历史传统和社会环境，导致其诉讼文化呈现出较强的宗教色彩。在基督教产生以前，西方法律与原始宗教紧密相连，人们对诉讼的认识也打上了宗教烙印。公元前5世纪中叶，古罗马颁布的《十二铜表法》就是一部带着浓厚宗教色彩的法典，除了第十表是“宗教法”之外，该法典对诉讼活动的规定许多地方充斥着神明裁判的内容。此后，到公元前1世纪，罗马法中的原始宗教因素才逐渐产生并发展起来。公元4世纪左右，基督教为罗马皇帝所确认并被立为国教，此后，基督教的思想和理念开始渗透入法，影响着人们对法的认识及诉讼实践活动[①]。如古罗马时期的自然法学者普遍认为，世界上只有两种法，一种是永恒的自然法，另一种是人定的制定法。但是，一旦上帝至高无上的观点在人们心目中树立起来后，便出现了高于人定法、自然法的上帝法（神法）。到了公元5世纪的时候，开始出现了各类教会、宗教会议的教令、

---

① ［古罗马］西塞罗：《法律篇》（第2卷），张学仁译，北京大学出版1983年版，第75页。

教规汇编，较著名的有《罗马的礼仪》《西斯帕那教会观点汇编》等。教会中出现了以主教法庭、大主教法庭和教皇法庭为主体的独立的审判机构体系，形成了完整的诉讼程序。就案件的管辖范围来看，凡涉及教会利益的案件或涉及宗教信仰的民事案件，诸如违反誓言、亵渎神灵、侵犯教会经济利益以及家庭和婚姻案件，甚至一般的刑事和民事契约案件，教会都有管辖权。[①]

随着文艺复兴运动、宗教改革的兴起，教会及教会法逐渐丧失了其显赫地位，特别是在资产阶级革命胜利后，宗教对世俗法律及司法实践的直接干预日益减少。但是，这并不等于终止了基督教及其教会法对西方诉讼文化的继续影响。

三、中西方诉讼文化的冲突对刑事诉讼改革的消极影响

通过上述比较分析，不难看出西方的诉讼文化与我国传统的诉讼文化的巨大反差。在刑事诉讼改革的大背景下，这两种诉讼文化必然会发生碰撞和冲突。首先，[②]这一点在诉讼文化的研究上表现得较为明显。例如，20世纪80年代后期形成的将“无讼”“厌讼”“贱讼”“耻讼”等视为中国传统诉讼文化之特质的“理想类型”概括[③]，并视为中华法律文化良好的一面，但现在人们对此的认知却改变了，并将归咎为公民法律意识不强的理由。其次，我国目前的刑事诉讼改革时有借鉴吸收西方的诉讼原则和制度的情况，但是我们在移植这些诉讼原则、制度时，如果缺乏对这些原则和制度的文化内涵的理性分析，没有使这些外来的诉讼文化本土化，盲目移植，

① 何勤华：《外国法制史》，法律出版社1997年版，第132页—133页。

② 李祖军：《刑事诉讼与传统文化的价值取向》，载《现代法学》1993年第5期。

③ 尤陈俊：《中题西影：反思中国传统诉讼文化研究的思维框架及其概念使用》，载《现代法学》2019年第1期。

必然会造成“水土不服”，发生冲突。

第一，受家国本位、义务本位价值观的影响，我国的刑事诉讼的目的倾向于惩治犯罪，以维护社会整体利益。虽然我国刑事诉讼法也赋予了犯罪嫌疑人、被告人的广泛的辩护权，但在司法实践中，因惩罚犯罪这一传统的诉讼理念的影响，这些辩护权利的行使会受到影响。

第二，受“无讼”“息讼”等观念的影响，公民诉讼观念淡薄，使得民众遇到纠纷甚至犯罪不愿诉诸法院，宁愿通过和解的方式去解决法律冲突，作为影响了中国古代社会的“厌讼”“息讼”等传统思想经过数千年的历史沉淀，对当代的诉讼心理影响依然存在。①

第三，传统的农耕大国和儒家文化对刑事诉讼制度等诉讼文化的转变带来一定影响。若论对传统中国诉讼文化影响之直接与明晰，当首推儒家道德观，以“无讼”为价值追求的大传统诉讼文化，亦是源自于对农业文明这一经济基础的回应。②这些因素的普遍存在至少会带来三个方面的弊端：证人出庭作证率低；打官司变成了“打关系”；地方保护主义盛行，使得异地取证和异地执行困难重重。

第四节 我国刑事诉讼改革的文化接轨与整合

党的十八大以后，以习近平同志为核心的党中央积极推进依法治国建设，其中重要的内容就是推进以审判为中心的诉讼制度改革，在进行制度完善的同时，需要观念的同步转变，诉讼观念的转变说到底是诉讼文化的转型。③

---

① 康树元、颜小燕：《论诉讼文化的价值纬度及其法学观照》，载《求索》2012 年第 8 期。

② 尤陈俊：《儒家道德观对传统中国诉讼文化的影响》，载《法学》2018 年第 3 期。

③ 孙记：《我国刑事诉讼文化转型研究》，载《西南民族大学学报》（人文社会科学版）2019 年第 3 期。

一、中西方诉讼文化认同与接轨的可能性与必然性

（一）诉讼文化认同与接轨的可能性

法律虽然有其阶级性和国家性的一面，但是，其本质属性是物质制约性，因而政治不同、物质属性相同的国家或者地区，其法律文化背景就可能有相似性和互融性的一面。通过对这些相似的文化背景及其法律制度的分析，我们也就完全有可能从中借鉴移植优秀的法律文化并与本土法律文化进行优化整合。

诉讼法律文化的冲撞、认同和嬗变，总是在无数个人与社会，人与人之间的法律（诉讼）关系中实现的。随着我国全方位改革开放向纵深发展，诉讼法律文化的相互认同就有了现实的可能性，刑事诉讼制度的改革与完善必然会体现西方诉讼文化的合理优点，更彰显中国作为世界文明古国的优秀诉讼文化和创新能力。

（二）诉讼文化认同与接轨的必然性

本土诉讼文化与外来诉讼文化之间经常会发生文化进化、文化播化和文化涵化的现象。在这类现象中两种文化之间必然会出现交流与碰击。文化进化指的是文化的发展过程是持续不断的，必然要经历一个由低级到高级、由简单到复杂的循序渐进的过程。例如，“无罪推定”和“沉默权”问题，在20世纪80年代以前，一直是刑事诉讼法学研究领域的禁区，但是，随着外来诉讼文化与本土诉讼文化的不断交流和碰撞，我们的学者甚至包括民众对无罪推定的态度逐渐变化。因此，在我国刑事诉讼改革期间，应当加强对多种诉讼文化的考察和比较研究，并广泛地渲染优秀的诉讼文化及其背景下的诉讼制度，做好诉讼制度改革的舆论宣传工作，培育刑事

诉讼改革与完善的社会环境，进一步完善、发展我国的诉讼文化。

二、刑事诉讼改革与诉讼文化的整合

当代中国的社会变迁决定了刑事诉讼文化的变迁，而诉讼文化对社会变迁又作出了积极能动的反映。[①]实践证明，吸收西方部分司法制度的同时，对冲突的本土文化和外来文化进行整合尤为重要。

鉴于多种诉讼文化冲突的必然性，我们需要立足中国国情背景，以习近平法治思想为指导，吸收借鉴外来的诉讼文化，绝不能不加甄别地全盘吸收。要将外来的诉讼化与中国传统法律文化相互渗透和融合，最终完成对传统法律文化的创造性转化。[②]

第一，进行刑事诉讼的改革，应当认识到多种诉讼文化是可以进行整合的。由于文化是民族性与互融性的双重结合，互融性为文化整合提供了前提条件。文化整合正是在文化的交流、互融中进行的，其结果是促进了文化的发展。所以说，文化整合是文化发展的一个特性，也是文化发展的一个规律。在法治的大背景下，世界各国对民主、文明的司法理念和原则有着共同的需求，在多种文化中是可以找到契合点的。刑事诉讼文化变迁是一个与外来文化冲突与融合的过程。[③]

第二，进行刑事诉讼改革，要理性看待我国的传统诉讼法律文化。一方面，不应回避传统法律文化的消极因素，而应注意到我们的司法制度仍需完善。另一方面，应吸收传统法律文化的精华。传统的诉讼法律文化中的某些方面还是值得我们重视和发展的，如“民贵君轻”“严于治吏”的观念落实到实践中也能促进司法的廉洁。

---

① 李麒：《刑事诉讼文化的当代变迁》，载《刑事诉讼文化的当代变迁》2017 年第 5 期。

② 谭世贵：《司法改革的理论探索》，法律出版社 2003 年版，第 41—44 页。

③ 李麒：《刑事诉讼文化的当代变迁》，载《北方法学》2017 年第 5 期。

第三，进行刑事诉讼改革，必须加强经济建设，为诉讼改革的文化整合奠定坚实的物质基础。在市场经济条件下，契约、法治观念深入人心，市场主体要求保护其自身的合法权益，要求建立自由、平等、有序的竞争机制。我国的经济体制改革已经取得了不小的成效，为刑事诉讼改革提供了契机和动力。但是刑事诉讼改革的道路仍然艰辛，我们有必要进一步推进经济体制改革，建立更为成熟、完善的市场经济体制，为司法改革的文化整合奠定更为坚实的基础。

第四，进行刑事诉讼的改革，应当努力创造良好的诉讼文化背景。在借鉴移植外部的法律文化或制度时，也不能忽视我国诉讼文化环境的建设。在诉讼文化建设中，法院文化建设又是其中最重要的一个方面，因为人民法院是社会公众参与司法活动的中心场所，是传播法院文化、凝聚法治共识的核心场域，突出法院文化建设的司法价值取向和法官文化自觉，有针对性地加强法院文化结构要素的司法性，进而实现法院文化对内熏陶、对外布道的法治功能作用，[①] 而法院文化建设的首要任务是让人民了解和认可法院，[②] 以提高司法公信力，增强社会公众对诉讼、对司法、对法院、对法律产生信赖感和崇尚感，营造良好的诉讼文化外在背景。

总之，诉讼文化建设的要义在于充分彰显法治精神的理想与现实。诉讼文化的精义在于秩序规范所传送的一种法治影响，进而影响共同的法律观念，推进法治国家进程。诉讼文化的理想在于发现和挖掘司法之美。[③]

---

① “人民法院文化建设研究”课题组:《法院文化建设的司法取向及其实现》，载《中国法学》2014年第6期。

② 陈英波:《法院文化建设要在“群众性”上下功夫》，载《人民法院报》2012年7月25日。

③ “人民法院文化建设研究”课题组:《法院文化建设的司法取向及其实现》，载《中国法学》2014年第6期。

第五章

刑事诉讼相关司法制度的配套改革

第一节 司法问责制度

一、司法问责基本范畴的理论阐释[①]

司法问责是基于冤假错案的发生，由有关主体对负有责任的司法机关及其司法人员予以责任追究，以挽回因个案误判遭受贬损的司法公信力的重要手段。为保证司法问责制度的科学构建与有效实施，首先需要从理论上对司法问责的基本范畴予以厘定和阐释。根据司法原理和问责法制化的内在要求，司法问责的基本范畴应当包括以下几个主要方面。

（一）司法问责目的

司法问责目的是指通过司法问责活动的开展，所要实现的问责目标或问责价值取向，其内容主要包括以下三个方面。

1. 维护司法权威

司法权威是指司法在社会生活中所处的令人信从的地位和力量，[②] 司法权威是司法具有公信力的保证。司法权威的基本要求是：司法主体具有权威性；司法过程具有权威性；司法结果具有权威性；司法纠错的及时性和严肃性。而司法纠错的及时性和严肃性则需要通过法制化的司法问责制度予

① 参见胡志斌：《司法问责基本范畴的理论界定》，载《盐城工学院学报（社会科学版）》2014 年第 1 期。

② 陈光中、肖沛权：《关于司法权威问题之探讨》，载《政法论坛》2011 年第 1 期。

以表达。司法活动是司法人员主观见之于客观的一项法律职业活动，受到案件复杂性、法律规范抽象性、司法人员素质有限性等诸多因素的影响，冤假错案是难以从根本上杜绝的。客观地说，我国法治国建设还处于发展阶段，司法领域的冤假错案难以完全避免。当然，这并不意味着司法可以犯错，毕竟司法权威是不容亵渎的。正因为如此，国家就应当建立起具有预防性、快捷性、严肃性等特征的司法问责制度。建立起司法问责制度的积极价值就在于：一是倒逼司法机关及其司法人员严格公正司法，促使其在司法过程中不能有任何懈怠和恣意；二是通过积极问责，快速有效地救赎因冤假错案而被贬损的司法公信力，以事前积极维护和事后及时修复的方式，全面维护司法权威。

2. 保障当事人人权

司法的主要价值目标之一就是保障人权，如果司法裁判有误，就意味着从裁判作出之日起本案中的人权保障的司法目标已经无法实现。在现实中，少数当事人为了证明个案司法裁判的不公，通常会在申诉维权或涉诉上访的道路上付出不应该付出的时间、精力和经济投入，这使得人权保障的司法目标呈现负价值。而一旦个案司法裁判被认定有误，基于保障人权或恢复人权的内在要求，国家就应当通过司法问责程序启动，一是及时恢复刑事案件涉案当事人的人身自由；二是尽快赔偿因冤假错案而给涉案当事人或其近亲属造成的损失；三是真诚地向涉案当事人或其近亲属赔礼道歉，恢复其名誉；四是追究有关司法人员的责任，以及慰藉冤假错案的受害人。通过这些司法问责活动的实施，不仅可以最大限度地恢复遭受贬损的司法权威，更重要地是，通过恢复自由、赔偿损失等问责措施可以疗治司法不公给当事人带来的身体和精神上的伤痛，以还原人权保障的司法价值。

3. 惩戒涉案司法人员

冤假错案通常由司法人员徇私舞弊、急功近利、消极怠慢或者滥用职权等不负责任的司法行为所致。不管基于何种原因，承办案件的司法人员都存在过错。不论是按照《公务员法》，还是按照《法官法》的规定，作为国家公职人员的司法人员因过错而给当事人造成损害的，在涉案司法机关先行给予当事人国家赔偿之后，不仅有权力依法对涉案司法人员进行追偿，而且应当对其进行法律责任的追究。责任追究的结果通常都会涉及对涉案司法人员的惩戒。因此，司法问责制度的法制化设计和有效实施，可以达到惩戒涉案司法人员的目的，并以此警示其他司法人员公正司法、严肃法纪，以维护司法的公正性和权威性。

4. 回应社会关切

随着公众参与司法监督条件和能力的不断提升，越来越多的人注重通过网络手段关注、评介司法公正，公众对司法公正的期望值也日趋提高。越来越高的公正心理期待自然使得公众对冤假错案表现出较强的敏感度和排斥心理。一旦发生冤假错案，公众对司法公正的质疑以及对涉案司法人员予以问责的呐喊通常会通过网络媒体表达出来，从而形成网络舆情。当网络舆论的力量聚集到一定程度时，势必会对所监督的对象形成强大的压力，促使相关部门对此作出回应，以平息事态发展。[①] 在回应的举措中，司法问责必不可少，因为司法机关或有关机关积极认错、赔偿损失、赔礼道歉、惩戒办案人员是对“民愤”最直观、最现实、最有效的回应和交代，是还原司法公正、恢复司法公信力的必然选择。正如有的学者所说：“司法机关主动纠错是司法公正的重要内容，其也可以在很大程度上克减冤假错案。”[②]

（二）司法问责主体

司法问责主体即由谁问责的问题。司法问责既是一项专业判断工作，

---

① 葛宁、黄忠伟：《基于多学科视角下的网络监督机制研究》，载《中国青年政治学院学报》2013 年第 2 期。

② 刘宪权：《克减冤假错案应当遵循的三个原则》，载《法学》2013 年第 5 期。

即认定有关主体是否应当承当法律责任以及如何承担法律责任的活动，同时它也是一项司法监督惩戒活动。为了体现司法问责活动的权威性和严肃性，根据依宪治政体制机制以及司法原理，司法问责主体的确定至少应当考虑两个方面的因素：第一，问责主体对问责事项和问责对象具有法定的监督权力，即问责主体具有法定的监督权，否则，问责过程和问责结果难以令被问责的司法机关及其司法人员接受和信服；第二，问责主体对问责事项的合法性与否具有一定的法律评价能力，即问责主体对问责事项具有专业判断能力，这种能力通常表现为法律专业能力。在我国，依法有权力对司法机关和司法人员的司法活动进行监督的主体包括县级以上各级权力机关；各级法院、检察院内设的纪检监察部门；上级法院、检察院；最高法院、最高检察院。这些主体均可以成为司法问责的主体。

将上述主体确定为司法问责主体的依据分别在于：首先，按照宪法及相关法律的规定，各级法院、检察院的设立以及法官、检察官的任命由同级人民代表大会行使，按照权力授予与权力监督相一致的原则，针对司法机关及其司法人员违法违纪需要被问责的案件，各级权力机关自然有权力予以介入监督。其次，纪检监察部门的监督是我国监察制度的特色，依照党的纪律检查组织原则和《监察法》的规定，行政机关、司法机关以及国有企事业单位，均可能设有派驻或者派出的监察机构、监察专员，它们依法对相关公权力行为行使监督职能。因此，各级法院、检察院依法设立的纪检监察部门也是司法问责的主体。再次，按照《人民法院组织法》的规定，上下级法院的关系是审判监督关系，所以，上级法院也可以成为司法问责的主体。最后，按照《人民检察院组织法》的规定，对诉讼、执行、执法等人民检察院是国家法律监督机关，进行法律监督。可见，各级检察机关也是司法问责的主体。

另外，县级以上各级人大常委会设有内务司法委员会，内务司法委员会的组织职能决定了其有能力对司法问责案件作出专业性判断。各级法院、检察院的纪检监察部门属于其内设机构，其组成基本上是由具有法律职业身份的法官、检察官或法律专业人员组成，它们同样有能力对司法问责案件的合法性问题作出客观公正的判断。

（三）司法问责案由

为了维护司法的既判力和权威性，已经生效的判决书、裁定书等司法文书不得更改或撤销，但是有新的事实和证据足以推翻生效司法文书的，必然要求司法机关或有关机关对错误的司法判断及时予以纠正，并对涉案当事人给予相应的赔偿，如果当事人人身自由被剥夺的，还需要及时恢复其人身自由、赔礼道歉等。这些问题只有通过司法问责才能够得到有效、有序的解决。可见，司法问责的案由或起因是冤假错案。冤假错案是冤案、假案、错案的合称，三者属于广义上的错案，只是在内涵上各有偏重。冤案通常是指涉刑事案件，其特点是虽有犯罪事实，但追诉和审判对象有误，从而造成冤案；假案的主要特点是从案件事实到涉案当事人纯属子虚乌有，司法机关本不应当启动司法程序，但因司法人员的过错而盲目受理案件并作出了司法裁判；错案的主要特点是案件事实客观存在，并且当事人的资格或身份也没有错误，但裁判结果出现了实体性的错误或裁判不公。三者的共同点都是裁判有误，而司法问责正是基于这一事实，所以，笔者认为在司法问责的语境中，没有必要刻意对三者作出严格界别。当然，也有学者基于其他视角对此作出较为清晰的区分，其观点不无道理。①

要保证司法问责程序的正确启动，就需要对冤假错案作出准确的判断，这种判断既需要从事实上作出甄别，也需要从法律中寻找依据。事实上的依据就是证据，如有新的证据足以推翻生效裁判的；据以定案所依据的法律文书被依法认定错误的；办案人员或者有关人员因收受贿赂或徇私舞弊

---

① 邹易材：《刑事错案概念的研析》，载《贵州师范学学院》2013 年第 2 期。

而枉法裁判的，等等。法律上的依据既包括实体法依据，也包括程序法依据，以刑事司法领域发生的冤假错案为例，实体法上的判断依据就是刑法，即按照刑法的规定，司法机关及其司法人员在罪与非罪、此罪与彼罪以及刑事责任认定和刑罚适用上出现了错误的判断。程序法上的判断依据为刑事诉讼法，即冤假错案的发生是因为司法机关及其办案人员在案件管辖、公开审判、辩护代理、诉讼回避、期间送达、证据收集、审查判断和运用等方面违反了刑事诉讼法的规定，因而最终导致裁判有误。

（四）司法问责对象

问责对象是指对谁问责的问题，正确地确定司法问责对象是实现保障涉案当事人人权、惩戒涉案责任人员以及维护司法权威等问责目的的必要条件。由于冤假错案并非自动发生，而是司法机关的司法行为所致，而司法行为具体又表现为司法人员以及相关人员的职务行为。因此，司法机关、司法人员以及相关办案人员对冤假错案的发生均负有责任。在司法问责中，他们都应当成为司法问责的对象。具体而言，司法问责的对象包括以下几类。

第一，司法机关，即各级法院和检察院。司法机关作为问责对象的根本原因在于错误司法裁判或决定行为是以司法机关名义作出的。在司法实践中，绝大多数的冤假错案是在错误裁判生效并付诸执行后发现的，因此，作为审判机关的法院是最主要的问责对象。当然，检察院也可能会对刑事案件作出错误拘留、错误逮捕、错误立案、错误侦查和错误起诉等司法决定，从而导致法院裁判有误，在这种情况下，检察机关也需要被问责。冤假错案的发生在源头上还有可能是公安机关违法违规办理案件所致，但考虑到公安机关是行政机关，应当按照行政问责程序予以查处。

第二，司法人员。司法行为是由司法人员代表司法机关具体实施的，如果司法人员假公济私、徇私舞弊或者渎职失职等，司法问责就不应当仅局限于司法机关这一抽象的行为主体。除了司法机关以外，司法问责的对象还应包括承办该案件的司法人员。

第三，准司法人员。这里的所说的准司法人员是指法院、检察院内部协助作为司法人员的法官或检察官进行司法活动的书记员、法警等。准司法人员在司法活动中也可能会实施违法违规行为，从而导致司法人员对案件的误判，造成冤假错案。因此，在司法问责中，书记员、法警等准司法人员也可能成为问责的对象。

第四，对冤假错案发生负有领导责任的人员。部分司法裁决或司法决定必须由领导签发，如果把关不严，就有可能造成冤假错案的发生。所以，司法问责对象还应当包括负有领导责任的司法管理人员。

（五）司法问责程序

司法问责是一项查错、纠错以及责任追究的程序性活动。除权力机关外，司法问责主体为司法机关自身，问责内容是对实施过的司法行为合法性的判断，因此，司法问责也是一种司法行为或者准司法行为。为了体现问责程序的正当性，应当对司法问责的程序步骤予以合理设计。根据司法程序的一般原理，司法问责程序至少应当包括以下几个阶段。

第一，接收问责申请或者问责建议。接收问责申请是指对冤假错案当事人或其近亲属要求追究有关办案人员法律责任并提出赔偿等请求予以接收，通过审查，在限定的期间（如 7 日内）决定是否进行问责立案。接收问责建议是指接收有关国家机关或组织提出的启动问责程序，追究冤假错案的涉案司法人员或相关人员法律责任的书面建议。接收建议后，问责主体在限定的期间（如 7 日内）决定是否进行问责立案。

第二，立案。立案是指司法问责主体正式启动问责程序，以查错、纠错并追究有关人员法律责任的活动。立案的条件应当包括事实条件和法律条件两种。事实条件是指有证据证明有冤假错案的发生或存在；法律条件是指对于冤假错案的发生，司法机关及其司法人员存在过错，需要被追究法律责任。从立案的形式来看，既包括司法问责主体自行发现冤假错案而主动进行司法问责立案，也包括对当事人及其近亲属提出问责申请或有关单位提出问责建议进行审查，认为符合问责立案标准而进行立案的情形。

第三，调查取证。问责主体决定立案后，应当成立问责调查组，专门负责对冤假错案的调查取证。为体现问责调查组的专业性、权威性和民主性，调查组的组长由问责主体的工作人员担任，调查组的其他成员可以吸收人大代表、政协委员、法学专家等参加。调查取证的方式包括：查阅卷宗、走访当事人及其近亲属、询问冤假错案的原代理律师或辩护律师、重新勘验检查、重新鉴定等。

第四，约谈问责对象。在调查取证的基础上，问责调查组认为有必要的话，还可以约谈被问责的司法人员或相关人员，一方面是为了核实有关证据，另一方面也是为了听取问责对象的意见，给其申辩的机会，以保证问责案件的客观公正处理。

第五，举行听证会。为了慎重，司法问责调查组在提交问责报告时，还可根据案件的具体情况，举行问责听证会，并通知问责对象和冤假错案的当事人及其近亲属、原诉讼代理人、辩护人等参加。听证程序包括问责对象和问责案件受害一方当事人相互的举证、质证、辩论，问责调查组居中主持问责活动，并记录双方的陈述，供制作问责报告时参考。

第六，问责调查组提交问责报告。司法问责调查组在完成上述问责活动后，应当在限定的时间内（如立案之后 1 个月内）就问责案件的性质、相关人员的责任以及问责处理意见等制作问责报告，提交问责主体审批或决定。

第七，问责主体作出决定。问责主体在接到问责调查组的问责报告后，应当在规定的期限内（如 15 日内）讨论决定是否批准。在作出是否批准前，可以召集人大代表、政协委员、法学专家等，听取他们的意见，最后依法表决是否批准问责报告。

第八，问责救济。在问责主体对司法机关或司法人员等问责对象进行问责惩戒决定时，如果问责对象不服决定，可以在规定的期限内（如收到决定书之日起5日内）要求复议。经过复议维持原来决定的，问责惩戒决定生效，并付诸执行。

（六）司法问责措施

问责措施是指对问责对象依法所给予的一种处罚方法。对于司法机关的问责措施可以适用警告、通报批评、责令赔礼道歉、赔偿损失等问责措施。而对于司法人员或其他相关人员则应当适用以下几种能够体现司法职业特点的问责措施。

1. 司法训诫。司法训诫是最轻的司法问责惩戒措施，主要适用于违法违纪责任较轻，社会影响不大，并有积极悔过表现的司法人员。司法训诫由司法问责主体采用书面的形式公开进行，并责令被问责的司法人员出具书面悔过书。

2. 司法罚款。司法罚款是一种具有经济制裁性质的问责惩戒措施，主要适用于基于贪财图利动机而贪赃枉法、徇私舞弊的司法人员以及存在过错的司法机关。按照司法人员违法乱纪行为的性质以及行为情节轻重的不同，司法罚款既可以单独适用，也可以附加适用于暂停司法职务、调离司法岗位和免除司法职务的司法问责惩戒措施，司法罚款的数额可以比照刑法中罚金刑处罚原则予以确定。

3. 暂停司法职务。该项司法问责的惩戒措施主要针对违法违纪情节较重，但后果和影响尚未达到依法需要调离司法岗位或免除司法职务制裁的程度，而由上一级法院的监察部门作出的一种问责处罚。暂停职务的期限可以规定为六个月以上二年以下，暂停司法职务期间，被问责处罚的司法人员可以从事非司法岗位的工作，如办公室的行政性事务。司法职务停止期满后，经考察合格者可以继续在原来或其他司法岗位上工作。[①]

4. 调离司法岗位。调离司法岗位是针对违法违纪情节较重，既不适宜给予暂停司法职务的问责制裁，也不符合开除公职或免除司法职务处罚条件的司法人员，在保留其公职的基础上，通过与有组织人事管理权的组织人事部门商定，将被问责的司法人员调离司法机关，这是一种较为严厉的司法问责制裁措施。

5. 免除司法职务。免除司法职务是司法问责的最严厉的制裁措施，由于司法职务是公务员职务的一种，所以，免除司法职务等同于对普通公务员开除公职的处分。司法人员具有下列情形之一的，应当给予免除司法职务的制裁：（1）因职务犯罪行为而受到刑事责任追究的；（2）曾经受过暂停司法职务问责，司法职务恢复后再次因违法乱纪而被问责的；（3）其他需要免除司法职务的情形。

二、域外司法问责制度的考察与启示：以美国、加拿大、澳大利亚、德国、法国、日本为样本[②]

司法问责作为司法管理的一项制度，大多数域外法治国家均对此作出了规定。本着“洋为中用”的原则，笔者考察了美国、加拿大、澳大利亚、德国、法国、日本等国家司法问责制度的立法与实践，以冀对健全我国司法问责制度具有借鉴意义。

（一）美国司法问责制度

由于特殊的国家结构形式和司法体系，美国联邦及各州关于司法问责

① 谭世贵等：《中国法官制度研究》，法律出版社 2009 年版，第 128 页。

② 胡志斌：《域外司法问责制度的考察与启示——以美国、加拿大、澳大利亚、德国、法国、日本为样本》，载《湖南警察学院学报》2014 年第 1 期。

的组织、措施及程序等并不完全相同[①]

1. 问责组织

1960年以后，美国联邦法院、所有50个州以及哥伦比亚特区都设立了法官惩戒委员会、特别惩戒法庭等司法问责组织。只设一个惩戒委员会或者一个特别惩戒法庭的体制被称为“单轨制”；设有两个委员会或者一个委员会与一个特别法庭的做法被称为“双轨制”。在美国，共有44个辖区采取了“单轨制”，8个辖区采用了“双轨制”。在这些问责组织中，有38个辖区的惩戒委员会或者惩戒法庭没有权力直接作出司法问责的决定，它们只负责对司法人员违法失职行为进行调查取证以及起诉和审理，根据查明的事实提出司法问责的处理建议，然后报最高法院作出司法问责的实体性决定。其他辖区的司法问责组织对司法人员具有部分问责处理决定权，但是，对于免职的问责处罚决定，如果被处罚的司法人员不服，则有权向最高法院提起上诉。

2. 问责措施

美国司法问责的措施主要包括：第一，弹劾。即由立法部门通过法定的弹劾程序免除法官的职务，弹劾是美国法官问责免职的主要形式，适用于联邦系统和所有的州；第二，由州长免职。即根据议会两院的请求，最终由州长免除违法失职法官的职务。在实践中，除了马萨诸塞州，这种问责措施在美国极少适用；第三，联合措施。即由立法部门主持并经两院联合行动免除法官职务，美国部分州虽然规定了这种司法问责措施，但是很少适用；第四，选举罢免。即通过司法选举程序在法官任职期间罢免法官的职务；第五，取消律师资格。在美国，具有律师资格是担任法官的基本条件之一，因此，取消律师资格等于间接地免除了法官的职务；第六，法

① 中国应用法学研究所：《美国法官制度与法院组织标准》，人民法院出版2008年版，第77—85页。

院问责。即由法院依法定程序问责违法违纪的法官；第七，委员会问责。即由专门委员会问责处罚法官，这是美国司法问责的主要形式。

3. 问责程序

美国司法问责程序大致包括以下几个阶段。

首先，由法官惩戒委员会或特别惩戒法庭等司法问责组织调查对法官的投诉，以确定是否存在司法问责的理由。这项工作一般由问责组织的工作人员或者顾问律师来完成，但偶尔也由州或者外聘调查员甚至惩戒委员会的委员与州法律顾问或者特别顾问联合行使。

其次，进行问责裁判前的非正式处理。在一些辖区，司法问责组织通过第一个阶段的工作，初步认定被问责的法官存在司法不当行为，并且严重到应当提起正式指控程序或者即使不能保证一定会正式启动问责审理程序，但是确实需要对该法官给予批评教育，问责组织或者立法机构制定了一些补救性的措施以解决此类案件。这些补救性的措施即问责裁判前的非正式处理包括：私下补救；告诫法官如果继续其不当行为将会受到惩戒；专门劝告；限定法官后续行为的条件等。

再次，指控或者起诉程序。美国各州的规定不尽统一，多数州规定，由问责组织从律师协会成员中选择起诉人，一些州则规定问责组织应当请求州的最高法院任命起诉人，也有些州指定检察总长为起诉人，还有些州规定，问责组织可以选择由检察总长作为起诉人等。

最后，由依法组成的合议庭对问责案件审理并作出决定。当然，在实行“单轨制”的州，问责组织的惩罚建议还必须向州最高法院提出，由最高法院最终作出是否惩戒的决定。值得一提的是，在美国，多数州规定，在最高法院作出决定前，一切调查处理活动都是保密的。

（二）加拿大司法问责制度

根据加拿大《法官法案》的规定，加拿大针对司法问责成立了专门的组织——司法委员会，该委员会成立于1971年，它的职能不是审查法官所作出的判决，而是对法官的行为举止进行评判，其评判最严重的后果是向司法部部长提出免除法官职务的问责建议，然后，司法部部长再向议会提出进一步的建议。司法委员会坚持“不告不理”的原则，它对司法问责程序的启动主要依靠公众的举报。除了要处理公众对法官的举报以外，当司法部长或者省总检察长对于联邦任命的法官行为提出质疑时，司法委员会也应当进行问责调查。但是，几乎所有的举报都是公众提出的。为了鼓励或者规范公众对法官的不当行为进行举报，加拿大的相关法律对于如何举报也作出了详细的规定。例如，规定举报材料应当是书面的，并邮寄到：“渥太华KIAOW8，肯特街第112号第 ××× 房间，加拿大司法委员会”，来信中应当包含的信息有“你的姓名和住址；被举报的法官、法院、审判日期以及有关背景；法官不妥言行举止的详细描述”。在司法委员会的问责立案范围上，法律明确规定司法委员会仅对以下法院法官的不当行为进行问责处理：第一，加拿大最高法院；第二，联邦上诉法院；第三，加拿大联邦法院审判法庭；第四，加拿大海事上诉法院；第五，加拿大税收法院。

按照《法官法案》的规定，针对公众的举报，只有司法委员会才能命令针对某一举报进行问责调查，通常情况下，处理公众举报的首要职责由司法委员会下设的司法行为检查委员会主席或者副主席来承担，他们逐一审查每一份举报材料并决定处理办法，在必要的情况下，具体任务交由最多由5名成员组成的专门小组负责审查举报并作出处理，专门小组为了查明案件的事实真相，可以请求司法委员会决定启动正式调查程序，正式调查由专门的调查委员会执行，其成员包括司法委员会成员以及司法部部长指定的律师协会的成员。但是，对于司法部长或者各省检察总长发出的对某个法官进行调查的指示，司法委员会必须直接执行，无须采取其他事先审查步骤。经司法委员会调查后，必须决定法官是否因以下原因而不具备做法官的能力或者不能正确执行法官的职责：（1）年迈或者身体虚弱；

（2）行为不当而犯罪；（3）渎职；（4）由于其行为或者其他原因导致不能履行职责。司法委员会通过审查或者调查有权对司法问责案件作出决定，但是，对于免除法官职务的问责惩罚，它无权作出，只能向司法部部长提出建议，然后，由司法部长再向议会提出进一步的建议。①

（三）澳大利亚司法问责制度

在澳大利亚，关于司法问责的规定比较完备并且能够体现英美法系特色的是新南部威尔士州，该州早在 1986 年就制定了《司法官员法案》。按照该法案的规定，负责司法问责的专门性调查机构是司法委员会。但是，司法委员会只是一个受理公众对法官投诉并对投诉进行调查的机构，它没有权力通过罚款、降职或者类似的处罚进行司法问责，对于法官严重违法乱纪行为的投诉，司法委员会调查核实后，由州长作出免职决定或者由参众两院来决定处理方式。对于法官违法乱纪行为的投诉，经司法委员会调查，情节较轻的，则由司法负责人劝告该法官，或者在他或她供职的法庭内作出行政安排，以避免此类问题的再次发生。值得一提的是，针对法官腐败行为的投诉通常由反腐独立委员会司法问责，而不是由司法委员会来受理并负责问责处理。

按照《司法官员法案》的规定，任何人都可以向司法委员会进行问责投诉，投诉应当以书面的形式提出，并在投诉书中详细说明违法乱纪法官的姓名以及投诉的内容。司法委员会受理投诉后，应当进行预先调查，并同时告知被投诉的法官遭到投诉的事实。预先调查之后，将进入预审阶段，预审由司法委员会通过会议的形式进行，会议人数为 7 人，其中至少要有 1 人是被指定的非司法人员。司法委员会的调查一般包括对笔录、声音录音、判决和其他有关投诉材料的检查。司法委员会组织预审后应当分别情

---

① 怀效锋：《司法惩戒与保障》，法律出版社 2006 年版，第 149—159 页。

况作出驳回投诉的决定或者把投诉归纳为轻微类或严重类，最后提交州长、议会或司法机关负责人来处理。[①]

（四）德国司法问责制度

德国于 1952 年制定、1998 年修订了《德国联邦纪律法》，该法较为详细地规定了对包括司法人员在内的国家公务人员的问责制度，其内容主要包括：（1）纪律措施，即问责措施，包括警告、罚款、减薪、调任末档工资低于现职同类工作；撤职；减发退休金和取消退休金 7 种，其中，对于退休公务人员的问责仅适用最后两种措施。（2）问责组织。按照《德国联邦纪律法》第 15 条的规定，对于司法人员的问责由其主管部门、任职单位的上司以及纪律法院行使；对于退休司法人员的问责由其退休开始前最后负责的最高任职部门行使，当然，它也可以将其权力转让给下级单位。（3）问责程序。大致包括预审、纪律处分令、正式纪律程序的启动、调查与指控、主言词辩论、被问责法官最后陈述和判决等几个阶段，如果被问责的司法人员对问责处理不服，还可以提起上诉或者申请再审。（4）司法问责的费用。在德国，司法问责所产生的费用部分需要司法人员承担，这种规定既能够限制司法人员滥用相关救济权利，同时也能够弥补问责机构的办案经费。按照《德国联邦纪律法》第 112 条、第 114 条的规定，"一名官员的上司对该官员处以问责措施的，如果费用是因构成问责措施的对象的职务违法行为而产生时，上司可以要求官员负担程序费用"，"由一名官员提起的法律救济被撤回或者未获成功的，应由该官员负担法律救济程序的费用"。

（五）法国司法问责制度的主要结构

法国的司法问责制度主要包括以下几个方面的内容：

---

① 怀效锋：《司法惩戒与保障》，法律出版社 2006 年版，第 159 页。

1. 问责措施

法国的司法问责措施包括处分并记入司法人员个人档案、强行调动职位、停止部分职责、降级一等、降职、强制退休和罢免 7 种。

2. 问责机构

按照法国宪法的规定，为了规范司法人员的选任和监督，专门成立了最高司法委员会，其主席由总统担任，副主席由司法部部长担任。最高司法委员会分设法官任命和处分部门、检察官任命和处分部门。这些机构实际上就是承担司法问责职能的组织。为了体现司法问责主体的专业性和民主性，法官任命和处分部门的组成人员包括 5 名法官、1 名检察官、1 名行政法院选定的人员和 3 名知名人士。5 名法官包括上诉法院的资深法官、法院院长以及通过选举产生的法官；行政法院的 1 名法官由该院选举产生；在 3 名知名人士中，1 名由总统任命，1 名由国民大会主席任命，1 名由上议院议长任命。

3. 问责程序

法国的司法问责程序分为两种：一是警告。当法官有违法乱纪行为而被指控时，上诉法院院长有权对该法官进行警告，警告虽然不是严格意义上的问责惩戒。二是正式处分。上诉法院院长对于被问责法官有不良行为情节或后果严重的，依法应当移交司法部处理。如果司法部部长起诉，则正式启动司法问责程序，案件的审理由最高司法委员会指令最高上诉法院院长负责主持，根据法官不良行为的具体情节作出相应问责惩罚决定。[①]

（六）日本司法问责制度

日本的司法问责措施主要包括免职、罚款和告诫。与之相对应，司法问责制度也有免职问责和非免职问责两种。

---

① 韩苏琳：《美英德法四国司法制度概况》，人民法院出版社 2002 年版，第 592—596 页。

1. 非免职问责

非免职问责的基本内容包括：第一，问责组织。按照日本《宪法》第78条的规定，法官不正当履行职务上的义务时，由司法机关自行对其进行责任追究。并且对法官进行问责有明确的管辖界定，具体而言，简易法庭、家庭法院、地方法院的法官有违法乱纪的行为，一律由高等法院负责问责；对于高等法院和最高法院法官的问责则由最高法院负责。高等法院问责法官时一般由5名法官组成合议庭进行审理裁决；最高法院问责法官时由9名法官组成合议庭进行审理裁决。除此之外，其他任何机关、社会组织和个人都无权对法官进行司法问责。第二，问责程序。首先，对违法乱纪法官控诉。该项权力由被问责法官所在法院负责行使，高等法院或者最高法院受理控诉后，及时将起诉书的副本送达被指控的法官；其次，最高法院或者高等法院依法组成合议庭进行审理裁决。合议庭审理案件时，承担指控任务的法院应当派员出席法庭陈述理由，被问责法官也有权利出席法庭进行陈述或申辩。通过审理，合议庭作出应否对法官问责以及如何惩戒法官的裁决。[①]

2. 免职问责

在日本，对免除法官职务的问责惩戒主要是根据宪法规定的弹劾程序进行。按照规定，国会负责审判受罢免控诉的法官，由参众两院的议员组成弹劾法庭和法官追诉委员会具体负责问责处理。弹劾法庭由参众两院各出7名议员组成，法官追诉委员会由参众两院各出10名议员组成。弹劾法官的程序由法官追诉委员会启动，同时，最高法院和任何国民享有追诉请求权。在最高法院或者国民向法官追诉委员会提出弹劾法官的请求后，是否启动追诉程序，只有在三分之二以上的成员同意后才能正式向弹劾法庭提起弹劾诉讼。在弹劾法庭审理案件时，参众两院各自至少要派出5名

① 陶珂宝：《日本和法国的法官惩戒制度简介》，载《法律适用》2003年第9期。

以上的议员，并且经过三分之二以上的成员同意才能作出弹劾法官的判决，弹劾判决一经作出，被问责的法官即丧失法官资格。[①]

（七）域外司法问责制度的启示

通过对域外司法问责制度的考察，我们可以获得以下几个方面的启示。

第一，问责制度的设计应当尊重独立审判的原则。设计司法问责制度是为了促使司法机构依法独立、公正地行使审判权和检察权，以维护司法的权威。但是，司法问责的运行机制如果设计不当，则可能会使办案人员缺少办案的信心和勇气，使其处处谨小慎微，这反而会影响司法的质量、效率和权威。从国外的司法问责制度的设计来看，一是司法问责主体多为对司法人员具有司法管理权的组织，相比其他组织，它们更能够有效地协调好尊重独立审判和司法监督管理的关系。虽然一些国家单独设立了另类的司法问责组织，但是，在具体问责案件的审理裁决上，一般都由以法官为主体的问责法庭来负责；二是对于罢免法官、检察官司法职务的司法问责普遍单独设计弹劾机制，并赋予问责对象的上诉权、申诉权等，体现了司法问责的审慎，这同样是对独立审判等的尊重。

第二，问责组织应当具有专门性。司法人员滥用职权、枉法裁判的现象是任何情况下都可能发生的，而枉法裁判又是一个专业性的错误，这就决定了司法问责组织的设立应当做到专业化。从国外的司法问责实践来看，不少国家都设立了具有独立性、专业性和常设性的司法问责机构，如美国设立法官惩戒委员会或特别惩戒法庭；加拿大成立司法委员会；德国成立纪律法院；法国成立最高司法委员会等。当然，也有少数国家的司法问责组织就设立在法院内部，但是，在管理体制上，实行的是自上而下的问责案件管辖制度。

---

① 谭世贵：《中国司法改革理论与制度创新》，法律出版社 2003 年版，第 228 页。

第三，问责措施应当突出司法职业特点。从西方国家司法问责措施的设计来看，司法问责措施主要分为三大类：一是经济类问责措施，如罚金或者罚款，设计这类措施旨在突出对司法人员贪赃枉法行为的惩戒；二是行为类问责措施，如暂停职务、调离审判岗位等，以使有违法乱纪但又不够免除职务惩戒的司法人员在一定时期内不能从事司法活动，这样既能够消除公众对司法的不信任感，同时也能够防止司法人员继续枉法裁判；三是资格类的问责措施，即通过严格的司法问责程序免除司法人员的身份，并且实行永不叙用制度。这三类问责措施能够较好地体现司法职业的特点和要求。

第四，问责程序应当规范化、法制化。从某种意义上讲，司法问责本身也是一种司法活动，司法问责制度的完善程度是衡量一个国家司法制度民主与否的重要标志。从其他国家司法问责制度来看，它们对法官的问责普遍进行了专门立法，如澳大利亚、德国等，有的国家还在宪法中规定了司法问责的基本原则和制度，如美国、日本、英国等。规范化、法制化问责制度的设计和有效运行充分体现了这些国家对于司法的尊重和对司法问责的审慎，是司法制度相对完备的重要标志之一。

三、理论缺失与制度缺憾：司法问责的反思[①]

（一）司法问责的基础理论：一个缺乏关注的研究课题

任何一项制度都有其赖以存在的理论基础或理论体系，司法问责也不例外。司法问责作为问责的一种形式，既有和行政问责等其他问责形式共性的理论基础，也有其个性化的理论溯源。对司法问责制度的合理设计，

---

① 参见胡志斌：《理论缺失与制度缺憾：司法问责的反思》，载《学术界》2013年第9期。

离不开符合司法原理的理论体系支撑。基于问责法制化的内在要求，完备的司法问责制度的构架需要从理论上对问责的价值取向、由谁问责、为何问责、对谁问责、如何问责、问责效力与救济等内容作出系统的回答。问责的价值取向是司法问责的基本目标。为何问责即问责程序启动的原因，在司法领域中，问责是基于冤假错案的发生。由谁问责即问责的主体，由于冤假错案是司法权滥用或误用的结果，因此，司法问责主体应当是对司法权具有一定监督制约权力的主体，否则，难以实现有效监督。对谁问责即问责的对象，根据权责一致的法制原则，司法问责的对象应当是直接行使司法权力的司法人员以及对具体司法行为负有领导或管理责任的组织或个人。如何问责即问责的程序，司法本身注重程序正当，司法问责作为矫治性、救济性和惩罚性兼具的法律行为，是司法行为的补充和延伸，由于其对象是被公众视为“公正化身”的司法人员，因此，问责程序更需要正当、严谨地设计。问责效力与救济即问责结果的约束力以及问责对象的权利救济。为了体现问责的权威性和公正性，问责结果的约束性、约束方式以及救济方式是司法问责的应然内容。所有这些都是司法问责理论体系的有机组成部分，也是司法问责制度合理构建所不可或缺的理论依据，需要理论界给予必要的系统回答。需要说明的是，尽管我国司法机关包括法院和检察院，但考虑到冤假错案基本上发生在审判环节，故此，对检察院的司法问责，本文不予关涉。文章所探讨的司法问责仅针对法院的司法行为。

梳理我国学术界关于司法问责的研究状况，可以发现，司法问责的基本理论成了一个近乎被忽略的研究对象，理论界和实务部门对问责的关注几乎聚焦于行政问责。笔者于 2021 年 8 月 28 日通过中国知网以“司法问责”为关键词进行检索，搜索到 6 篇相关论文，但仔细阅读这些文章，发现无一篇论文论及司法问责的基本理论，它们只是主张在行政问责的基础上，再对相关行政责任人予以司法责任追究，并非本文所探讨的主题。而以“问责”为关键词进行检索，则可以发现相关研究论文 319 篇，但具体内容都是有关行政问责的理论和实践问题，并无司法问责的相关内容。如果再以“行政问责”为关键词进行检索，相关研究论文多达521篇。从文献形成的时间上看，有关问责的研究论文大多数发表于近5年，最早的发表于2004年。

学术界忽略对司法问责的理论研究，而将问责的研究主题集中在行政问责上，究其因，主要在于以下两个方面。

第一，我国行政问责实践的不断发展趋导了行政问责理论的研究热，正是这种行政问责理论研究的热遮蔽了包括司法问责在内的其他领域问责理论的萌生和发展。虽然对政府或行政机关因失职而引发的社会管理事件予以行政问责是责任政府的必然要求，但这并不意味着对司法权的不当行使者无须问责，事实上，司法领域发生的司法事件同样会造成强烈的社会不良影响，所以有必要根据情况对相关责任人进行问责，以维护司法的公信力。总之，笔者认为对问责的理论关注不能仅局限于行政领域，行政权的不当行使需要问责，司法权的运用不公也需要问责。

第二，长期以来，人们将行政问责等同于或含摄司法问责的错误认识，抑制了司法问责理论的独立形成和发展。事实上，司法问责与行政问责有着诸多质的区别。首先，问责起因不同。行政问责制启动的原因并非政府或行政机关的直接行为所致，而是其管理缺位或管理不力所致，问责事件通常具有突发性、意外性、公共性等特点。司法问责制启动的原因是冤假错案，而冤假错案是司法机关及其司法人员直接的司法行为所致，冤假错案的发现往往具有滞后性、人为性、个别性等特征，当然，其不良社会影响则又具有广泛性，即司法公信力的贬损。其次，问责主体不同。行政问责的主体主要是行政机关，当然，如果涉及犯罪的，后续的问责还可能需要司法机关的参与或介入。而司法问责的主体不可能是行政机关，只能是对司法机关享有监督和管理职权的有关机关，如权力机关、检察机关等。再次，问责对象不同。行政问责针对的是行政机关及相关行政管理人员，特别是负有领导责任的管理者，既包括负有直接管理职责的机关和人员，也包括上级甚至更高级的监督管理机关和相关管理人员。而司法问责的对象仅限于作出错误生效裁判的司法机关和司法人员。最后，问责依据不同。行政问责制的依据主要是行政法律法规规章，如《公务员法》等。而司法问责的依据不限于此，它还包括《法官法》以及相关司法文件，如最高人民法院《关于严格执行〈中华人民共和国法官法〉有关惩戒制度的若干规定》《人民法院审判人员违法审判责任追究办法（试行）》等。

（二）司法问责的立法现状和实践样态

从立法上看，我国当代意义上的司法问责制度是伴随20世纪末法官制度的法制化而逐步发展起来的。完备的法官制度包括法官选任、法官配置、法官保障、法官奖励、司法问责、法官惩戒等，司法问责制近似于法官惩戒制度，但二者有着适用对象、侧重点以及程序等方面的差异性，从总体上讲，法官惩戒是司法问责的后续阶段或制裁性阶段。当然，在司法问责制缺失或不健全的情况下，可以适用法官惩戒制度实现司法问责的实体性目标，只是问责的程序失当。目前我国尚无专门性的司法问责制度，但法官惩戒制度已基本形成。1995年制定、2019年修改的《法官法》第六章用4个条款规定了“惩戒”，在此之前，最高人民法院先后于1998年、2003年制定了《人民法院审判人员违法审判责任追究办法（试行）》《最高人民法院关于严格执行〈中华人民共和国法官法〉有关惩戒制度的若干规定》。

从我国司法问责的实践来看，大致呈现以下几个方面的特征。

1. 司法问责体制机制具有较强的行政性

首先，司法问责主体具有行政性。按照最高人民法院《人民法院审判人员违法审判责任追究办法（试行）》等相关司法文件的规定，对审判人员进行审判责任追究的主体是各级人民法院的行政监察部门。根据我国行政监察组织的设置原则，法院内部的行政监察组织是同级纪检监察部门设在法院的集党的监督和行政监察于一体的派出性、分支性组织。各级法院的行政监察部门“负责违法审判和执行线索的收集、对违法审判和执行责任进行调查以及对责任人员依照有关规定进行处理”。其次，除了司法问责需要追究刑事责任以外，其他案件问责制后的制裁种类具有明显的行政处分性质。例如，根据最高法院制定的《人民法院审判人员违法审判责任追究办法（试行）》第32条的规定，审判人员违法行为情节轻微的，责令其作出检查或者通报批评；根据《公务员法》第62条、《人民法院审判纪律处分办法（试行）》第13条以及《人民法院执行工作纪律处分办法（试行）》第1条至第35条的规定，法官的处分分为警告、记过、记大过、降级、撤职、开除。

2. 司法问责具有一定的自律性和独立性

尽管司法问责主体是同级纪检监察部门在法院专门设置的，但其同时又具有司法机构的属性，原因在于，法院的纪检监察部门人员属于法院编制，其身份具有法官或准法官的性质，该机构和人员开展活动基本上服务于和服从于法院工作大局，相对于同级党委政府的纪检监察部门来说，该问责机构具有一定的独立性和司法性，可以说，这样机构的设置使得司法问责具有较为明显的自律性，是法院系统内部自我纠错和责任追究的重要方式。这样制度设计的优点在于尊重了司法的自治，并能够保证及时快捷地司法认错和司法纠错。另外，由司法机关内部的行政监察部门问责，还体现了问责对独立审判的尊重。司法是一项法律专业性较强的职业，不应当受到外界的不当干预，这是保证司法公正的前提条件。[①]因此，不论是在判断案件是非曲直的审判阶段，还是在以司法纠错为内容的问责程序中，都需要对判断者或执行者给予独立性的尊重。可以说，我国现行的司法问

① 谭世贵：《中国司法制度》，法律出版社2005年版，第81页。

责体制在这一方面设计得较为合理。

3. 网络舆情对司法问责发挥着助推作用

随着网络的普及和公众法律意识的提高，网络为公众关注和监督司法活动提供了极大的便利。近年来，一些冤假错案一旦浮出水面并经媒体披露后，公众或网民便以极大的热情，通过网络参与到案件的讨论中，借助网络媒体对司法公正予以质疑，对办案人员进行批评，尽管网络舆情有言辞过激甚至恶意攻击的可能性，但越是这样，越需要司法机关及时澄清事实、正本清源，给公众或网民一个公正的交代，这既是对社会的负责，也是对司法的负责，更是对司法机关自身的负责。对于一些社会影响较大的冤假错案，多数涉案的司法机关或其上级机关正是基于强大的网络舆情压力，不仅问责及时，还定期召开新闻发布会，向社会通报冤假错案的查处进展或处理结果等，以回应网络舆情。不容置疑，网络舆情对司法问责发挥着重要的助推和监督作用，网络等媒体监督已成为我国加强司法监督、促进司法公正的一支重要力量。①

（三）司法问责制度的缺憾

1. 法理依据不足，难以依法问责

司法本身强调程序正当，为此，我国刑事诉讼法、民事诉讼法通过多次修改基本上实现了刑事司法、民事司法程序的正当化，为程序公正提供了制度保障。司法问责作为司法纠错和司法惩戒功能兼有的特殊司法行为，不仅需要问责的实体依据法制化，而且也需要司法问责程序的正当化和法定化，只有这样，才能够保证问责结果的客观公正。然而，我国司法问责制度在法制化、程序化等方面均存在立法不足的问题，致使司法问责的法理依据暴露出一定的不足，从而影响到司法问责的权威性和实效性，具体

---

① 卞建林：《媒体监督与司法公正》，载《政法论坛》2000年第6期。

表现在以下三个方面。

第一，我国立法机关至今没有制定专门以司法问责为名称或主题的法律文件，最高法院也没有出台专门性的司法问责文件。

第二，虽然《法官法》第6章“惩戒”可以作为司法问责的法律依据，但是，该章仅4个条文，这4个法条的规定不仅抽象，而且不系统，很难为司法问责提供足够的法律依据。

第三，最高人民法院先后制定的《关于严格执行〈中华人民共和国法官法〉有关惩戒制度的若干规定》《人民法院审判人员违法审判责任追究办法（试行）》《人民法院审判纪律处分办法（试行）》《人民法院执行工作纪律处分办法（试行）》《人民法院监察部门调查处理案件暂行办法》虽可以作为司法问责的规范依据，但是这些司法文件毕竟不是法律文件，而且其中的规定也没有就司法问责作出具体化、系统化、专业化以及规范化的规定。总之，司法问责的立法不足难免会使得问责实践缺少一种有理、有据、有力的法律支撑，问责效果自然容易被打折扣。

2. 问责主体的独立性有限，问责动力不足

根据有关的司法文件规定，各级法院的监察部门是司法问责的主体，这是一种比较典型的内部问责主体。这种问责体制虽然具有一定优点，但其弊端也是较为明显的，原因在于内置于法院的监察部门之独立性是有限的，如前文所述，该机构的监察人员来自司法人员，除了主要负责人由同级党委组织部门和纪检监察部门联合配置以外（即便如此，该负责人也是从司法机关或政法机关内部选配的），其他人员均由法院自行配置，组织结构具有一定的变动性和内生性，这就给监察部门铁面无私地对自己同事问责设置了天然的心理障碍。另外，从法院内部监察部门的行政级别来看，司法问责工作也难以有力开展，因为监察部门的负责人的位次排在所有副院长之后，如何实现下级对上级的有效监督，成为一个实践中难以把握的命题。这些因素的客观存在决定了法院内部监察部门司法问责动力是不足的。

4. 问责措施单一，难以体现司法职业特点

长期以来，我国法官的管理方式等同于公务员管理方式，2018 年修订后的《公务员法》在第 3 条也对此予以了认可，正因为如此，法官管理体制和机制与公务员不无两样，尽管我国的《法官法》以及最高人民法院制定的《人民法院审判纪律处分办法（试行）》《人民法院执行工作纪律处分办法（试行）》等规范性司法文件对法官问责（规范文件称之为“惩戒”和“处分”）的措施作出了明确规定，但这些措施实际上就是行政处分措施的复制，包括警告、记过、记大过、降级、撤职和开除六种。事实上，警告、记过、记大过、降级等司法问责措施难以实现对违法违纪法官司法权的行使予以限制，无法体现对违法违纪法官的职业性制裁。“如果一位法官因失职受到处分而仍然审理案件时，当事人自然会心存疑虑，法律的权威性也自然会大打折扣。”[①] 所以，对法官的司法问责措施不能完全照搬普通公务员的行政处分措施，在此基础上，还应当增设一些可以体现司法职业特点的问责措施，以适应对被问责法官作出“错、责、罚”相适应的职业处罚。

（四）健全司法问责制度的路径：以法制化为主线

科学的理论或理论体系指导科学的制度构建及其不断优化，司法问责制度的缺憾很大程度归咎于学界对司法问责理论的关注不够，从而使得司法问责制度的构建具有一定的盲目和恣意。关于司法问责的理论体系的构建问题，前文已有所述及，篇幅所限，下文对此不再深入阐释，而仅对司法问责制度的法制化重构进行论证。

1. 对司法问责进行专门性立法

针对我国司法问责立法不足的问题，为了实现司法问责的法制化，建

---

① 胡志斌：《完善我国法官惩戒制度的探讨》，载《学术界》2010 年第 8 期。

议加强司法问责的立法，为司法问责提供强有力的法律制度保障。第一，将《法官法》第六章的“法官的考核、奖励和惩戒”单独增设一章，并将新增的章名定为“问责与惩戒”，对司法问责的事由、主体、对象、措施以及程序等作出一般性规定；第二，在《法官法》“问责与惩戒”一章的基础上，由最高人民法院拟定司法问责的具体规范，并报请全国人大常委会审批，规范性文件的名称不妨为《司法问责条例》。

2. 健全司法问责体制机制

针对法院内部监察机关行使司法问责的弊端，应当在尊重司法自治，并且不违反我国行政体制的基础上，对我国司法问责管理体制作如下的改革。

（1）保留各级法院的监察部门，但实行上级监察部门负责下级司法机关司法问责的管理体制。地方各级法院的监察部门主要负责本院冤假错案的发现、上报，以及协助上级法院监察部门司法问责查处工作。实行自上而下司法问责体制的目的在于防止内部司法问责出现包庇袒护、避重就轻现象。为了体现司法问责活动的民主性和专业性，各级法院应当成立由人大代表、政协委员、律师、法学专家等组成的问责咨询委员会，必要时，可以听取问责咨询委员会的意见。

（2）罢免法官的问责处理应继续由县级以上权力机关行使，但其工作机制应当改革。按照我国《人民法院组织法》《法官法》等法律的规定，法官由县级以上权力机关选举或任命，根据权力授予与权力制约相统一的法治原则，县级以上权力机关既有职权也有职责对自己选举或任命的法官予以罢免。所以，对罢免法官的问责处理权应当由县级以上权力机关行使。但长期以来，县级以上权力机关在罢免法官的工作上所发挥的作用有限。它们对法官问责的举报不启动问责查处程序，而只是对于法院报送的罢免法官请求被动地听取汇报并予以表决。这种监督制约机制显然难以发挥权力机关对其选举或任命的法官的有效制约作用，为此，应当赋予权力机关完整的法官罢免权，包括立案受理权、调查权和罢免权等，这些权力具体由权力机关内设的内务司法委员会来行使。[①]

（3）建立被问责司法人员所在法院的同级权力机关和上一级法院监察部门的问责工作互动机制。不论是上级法院监察部门先受理或发现司法问责案件，还是下级权力机关最先发现或受理司法问责案件，或者同时受理或发现司法问责案件，相互间应当及时保持沟通。经过初步审查，如果需要给予罢免法官职务制裁的，案件则应当由权力机关立案问责，法院的监察部门予以配合。如果被问责的法官无须被罢免职务的，案件则交由被问责司法人员所在法院的上一级法院监察部门立案问责，问责结果应当及时上报被问责法官所在法院的同级权力机关和组织人事部门备案，以作为此法官各类考核的依据。

3. 完善司法问责惩戒的种类

针对我国现行的司法问责惩戒种类行政化的问题，按照司法管理职业化、专业化的内在要求，[②]司法问责的惩戒种类建议设计为司法训诫、司法罚款、暂停司法职务、调离司法岗位、免除司法职务五种。需要追究刑事法律责任的，依法移交给有管辖权的司法机关处理。

（1）司法训诫。司法训诫是一种最轻的司法问责惩戒措施，主要适用于违法违纪责任较轻，社会影响不大，并有积极悔过表现的司法人员。司法训诫由司法问责主体采用书面的形式公开进行，并责令被问责的司法人员出具书面悔过书。

（2）司法罚款。司法罚款是一种具有经济制裁性质的问责惩戒措施，主要适用于基于贪财图利动机而贪赃枉法、徇私舞弊的司法人员。按照司法人员违法乱纪行为的性质以及行为情节轻重的不同，司法罚款既可以单独适用，也可以附加适用于暂停司法职务、调离司法岗位和免除司法职务

---

① 谭世贵：《中国法官制度研究》，法律出版社 2009 年版，第 186 页。

② 莫远航：《人民法院管理理论与实务》，人民法院出版社 2007 年版，第 419—420 页。

的司法问责惩戒措施，司法罚款的数额可以比照刑法中罚金刑处罚原则予以确定。

（3）暂停司法职务。该项司法问责的惩戒措施主要针对违法违纪情节较重，但后果和影响尚未达到依法需要调离司法岗位或免除司法职务制裁的程度，而由上一级法院的监察部门作出的一种问责处罚。暂停职务的期限可以规定为六个月以上二年以下，在暂停司法职务期间，被问责处罚的司法人员可以从事非司法岗位的工作，如办公室的行政性事务。司法职务停止期满后，经考察合格者可以继续在原来或其他司法岗位上工作。

（4）调离司法岗位。调离司法岗位是针对违法违纪情节较重，既不适宜给予暂停司法职务的问责制裁，也不符合开除公职或免除司法职务处罚条件的司法人员，在保留其公职的基础上，通过与有组织人事管理权的组织人事部门商定，将被问责的司法人员调离司法机关，这是一种较为严厉的司法问责制裁措施。

（5）免除司法职务。免除司法职务是司法问责的最严厉的制裁措施，由于司法职务是公务员职务的一种，所以，免除司法职务等同于对普通公务员开除公职的处分。司法人员具有下列情形之一的，应当给予免除司法职务的制裁：①因职务犯罪行为而受到刑事责任追究的；②曾经受过暂停司法职务问责，司法职务恢复后再次因违法乱纪而被问责的；③其他需要免除司法职务的情形。

4. 规范司法问责程序

（1）问责立案。根据问责案件的来源不同，立案有两种形式：一是自行立案。自行立案是指上一级法院的监察部门在履行职责的过程中，发现下一级法院的司法人员就某一冤假错案依法需要被问责，而主动立案查处；二是受理立案。上一级法院的监察部门或者被问责司法人员所在法院的同级人大常委会内务司法委员会对有关组织或个人提出的司法问责举报或检举，依法通过审查，认为需要问责而予以立案的情形。

（2）问责调查。为保证问责案件得到客观公正的处理，通过调查，查明事实、分清是非、厘定责任是问责的关键。问责调查的主要程序包括：①成立问责调查组，调查组由上一级法院的监察部门或者被问责司法人员所在法院的同级人大常委会内务司法委员会组织成立；②调取案卷，查阅卷宗；③询问有关当事人或者其他相关组织和个人，听取他们的意见；④由问责调查组约谈涉案司法人员，听取其陈述和申辩；⑤调查组汇总各种证据并进行问责案件的评议，评议后，提出问责调查报告，并将调查报告提交给问责主体，调查报告应当包括对被问责司法人员的处理建议。

（3）问责处理。享有问责处理决定权的法院监察部门或者人大常委会的内务司法委员会根据问责调查组的调查报告，通过听取报告、书面审议、必要核查、投票表决等形式，对被问责的法官作出最终处理。为保证问责处理的及时性，应当规定问责主体在收到调查组的调查报告后于一定期限内（如 15 日内）作出是否批准的决定，如果不批准或者认为存在事实不清、证据不足等情形，既可以自行调查补充证据，也可以退回补充调查，或者另行组织调查组进行调查，并再次进行问责处理。

（4）问责救济。为了保证被问责司法人员的合法权益，应当赋予其相应的问责救济权利。具体而言，如果被问责的司法人员对问责处理决定不服的，有权利在收到决定书之日起一定期限内（如 15 日内）向原来决定机关提出复议申请。如果复议维持原决定的，问责决定则立即生效，进入执行阶段。如果问责机关经过复议认为原来问责决定确实存在事实不清、证据不足或者法律适用不当等，应当重新进行调查处理。

5. 建立司法问责的公关机制

冤假错案的发生必然会造成不良的社会影响，并给司法公信力造成一定程度的贬损，不论是涉案当事人，还是公众，自然都会有一种希望有关机关及时立法查处，并对相关办案人员予以问责惩戒的心理期待，为此，在建立健全司法问责制时，还应当将司法问责的公关机制纳入其中，一并予以设计。

（1）建立对冤假错案涉案被害人及其近亲属的安抚机制。冤假错案一旦被发现，涉案当事人及其近亲属不仅会对司法机关及其具体的办案人员产生抱怨甚至憎恨的心理，而且会提出索赔的正当化要求，如果赔偿要求得不到及时满足，很容易产生不和谐的社会因素。为此，司法问责程序启动后，案发司法机关应当立即组织相关领导对涉案当事人及其家属进行安抚，具体内容和方式包括登门慰问和致歉；先行启动国家赔偿或者先行垫付需要赔偿的金额；开通问责机关和当事人或其家属沟通专线，等等。

（2）建立对涉案人员先停职、后处理的问责机制。为及时消解涉案当事人以及公众对办案人员的不满情绪，在建立和快速启动司法问责程序的同时，还应当建立对涉案司法人员先停职、后处理的快速反应机制，并以此平息公众的怒气，挽救可能减损的司法公信力。

（3）建立重大社会影响案件问责的新闻发布会制度。除了上述两种司法问责公关机制之外，对于有重大社会影响的案件，负责问责的监察机关或权力机关还应当定期向社会召开新闻发布会，通过媒体向公众通报司法问责的进展，并及时听取公众对案件的意见，及时回应网络舆情的关注点，消除公众对案件的不客观的评价等。①

第二节　司法奖励制度②

法官奖励是司法人力资源管理的重要手段，它对于提高法官素质、满足法官的成就需要、完善法官的管理方式都具有积极意义。由于法官的职

---

① 胡志斌：《理论缺失与制度缺憾：司法问责的反思》，载《学术界》2013年第9期。

② 胡志斌：《论我国法官奖励制度的缺陷与重构》，载《湖南警察学院学报》2012年第4期。

业活动具有专业性、独立性和中立性等特点，因此，法官奖励制度的设计不仅要坚持人力资源管理的一般原则，而且也要体现司法原理的基本要求。反思我国法官奖励制度的立法与实践，其激励效果并不明显，为此，有必要进行制度的重构与创新。

一、我国法官奖励制度的现状

尽管我国官吏奖励制度的历史源远流长，但是，独立的法官奖励制度是在 1995 年《法官法》制定时方才设立，并于 2001 年、2017 年和 2019 年先后三次修改，根据现行的立法与实践，我国法官奖励制度的基本状况如下。

（一）实行精神奖励与物质奖励相结合的原则

法官奖励原则是贯穿于法官奖励制度的制定、执行等环节中的总则性规范。现行的《法官法》并未明确规定奖励的基本原则，只能依据《公务员法》第 51 条第 1 款规定，"……奖励坚持定期奖励与及时奖励相结合，精神奖励与物质奖励相结合、以精神奖励为主的原则。"这是我国法官奖励的唯一法律规定。根据立法精神，法官奖励应当以精神奖励为主、物质奖励为辅，从奖励的实践来看，物质奖励和精神奖励都得到了体现，但是，由于物质奖励缺乏法定标准，各级法院在执行的额度上不尽相同。

（二）奖励的标准具有强制性和多样性

奖励标准是奖励主体决定法官奖励的客观依据，我国法官奖励标准在立法上采用列举的模式。按照《法官法》第 45 条第 1 款规定："法官有下列表现之一的，应当给予奖励：（一）公正司法，成绩显著的；（二）总结审判实践经验成果突出，对审判工作有指导作用的；（三）在办理重大案件、处理突发事件和承担专项重要工作中，做出显著成绩和贡献的；（四）对审判工作提出改革建议被采纳，效果显著的；（五）提出司法建议被采纳或者开展法治宣传、指导调解组织调解各类纠纷，效果显著的；（六）有其他功绩的。”从法理的角度来看，这是一条强制性的法律规范，即法官只要具有6种情形之一的，奖励机关就应当给予精神奖励和物质奖励，由此可见，我国法官奖励标准具有多样性和强制性。但是，从奖励的实践来看，法官受到奖励的标准基本上是按照第1项、第2项、第3项来认定的，对于其他奖励标准，实践中很少适用。

（三）奖励的种类在性质上均属于精神奖励

为了体现法官奖励的公正性，防止法官奖励权的滥用，法官奖励的种类也应当通过立法的形式予以明确规定。但《法官法》本身并未作出规定，只是《公务员法》第53条规定，“奖励分为：嘉奖、记三等功、记二等功、记一等功、授予称号”。从性质上看，这几种奖励都属于精神奖励，其中，最高奖励是授予荣誉称号，如在全国法院系统内，对模范履行法官职责成绩特别显著、献身于法官事业有突出贡献的，可以由最高人民法院授予“全国优秀法官”“全国杰出法官”等荣誉称号。当然，根据精神奖励与物质奖励相结合的原则，对法官进行嘉奖、记功或者授予荣誉称号的同时，奖励机关也应当给予获奖法官一定的物质奖励，只是法官奖励种类中没有明确规定物质奖励的具体方式与奖励额度。

（四）奖励的实施比照普通公务员的奖励程序

关于法官奖励的实施程序问题，《法官法》第45条第2款规定：“法官的奖励按照有关规定办理。”由于我国法官一直实行公务员化的管理，2006年制定的《公务员法》将法官也纳入了公务员的调整范围。因此，法官的奖励权限和程序可以比照1995年原人事部颁发的《国家公务员奖励暂行规定》。按照该规定，对公务员的奖励，由公务员所在的机关或者上级机关按照规定的权限批准。在法官奖励实践中，最高人民法院、地方各级人民法院或专门人民法院也基本上是按照《法官法》《公务员法》以及《国家公务员奖励暂行规定》的规定来实施法官奖励的。[①]

二、我国法官奖励制度存在的问题

通过对法官奖励制度现状的分析，可以发现，我国法官奖励制度主要存在以下几个方面的问题。

（一）奖励主体的规定不完善

首先，奖励主体的界定比较模糊。《法官法》第 45 条第 2 款规定："法官的奖励按照有关规定办理。"何谓"有关规定"，不论是最高人民法院还是全国人大常委会均没有就法官奖励问题制定过专门的规定。我们只能按照《公务员法》和《国家公务员奖励暂行规定》的相关规定，推定法官奖励的主体是法官所在的法院或者上级法院。然而，法官是否属于公务员以及能否按照公务员的模式进行管理，这在理论界和实务部门一直都存有争议。另外，按照前面的推定，国家权力机关就被排除在奖励主体的范围外，从而造成权力机关对法官任免权与奖惩权的脱节。

（二）奖励种类的设定不合理

1. 奖励种类单调。按照《公务员法》的规定，奖励的种类分为嘉奖、记三等功、二等功、一等功、授予荣誉称号五个等次。但是，在实践中，后三个奖励等次很少有法官能够获得。对于绝大多数的法官来说，奖励实

① 胡志斌：《论我国法官奖励制度的缺陷与重构》，载《湖南警察学院学报》2012 年第 4 期。

质上只有嘉奖与记三等功两个等次，实际奖励种类偏少使得对法官的奖励缺乏选择性和吸引力，从而难以调动广大法官争先创优的积极性。

2. 内在的激励措施缺失。根据现行法律规定，我国法官奖励种类基本上属于外在性激励措施，它给法官带来的只是外在满足。所谓的“外在满足”，是指个人在工作之后得到的满足；“内在满足”是指个人从工作本身得到的满足。人们工作动机的强弱、工作热情的高低，在很大程度上依附对工作的内在满足。内在满足的激励作用比外在满足的激励作用更持久、稳定[①]。从我国法官奖励种类的激励效果来看，它们只能给法官一种外在满足，即工作之后的荣誉感。现行的法官奖励措施就是缺乏一种让法官能够持久地、稳定地表现才能、施展才华、创造辉煌的内在激励机制（如晋升、逐级遴选优秀法官等），从而无法满足有远大抱负的法官的内在需求。心理学研究表明，内在性激励的作用比外在性激励更持久、更有效，如果内在的激励机制缺失或者不足，势必会造成部分人的激励需求得不到应有的满足，从而难以调动其积极性和创新精神。[②] 在内在性激励机制不足的情况下，单靠外在奖励难以实现法官激励效果的最大化。

3. 物质奖励不明确。不论是《公务员法》还是《法官法》以及《国家公务员奖励暂行规定》都没有对物质奖励的种类及其额度进行具体规定，加之我国法官管理一直实行块块管理，从而各地法官奖励额度出现参差不齐，造成法官奖励制度适用上的不平衡。

（三）奖励标准的制定不科学

1. 奖励标准与奖励目的有所偏差。法官奖励的目的在于促进法官素质养成、实现司法公正、提高司法效率、维护司法权威和保持司法廉洁。因

① 关培兰：《组织行为学》，中国人民大学出版社 2003 年版，第 142—143 页。

② 关培兰：《组织行为学》，中国人民大学出版社 2003 年版，第 143 页。

此，法官奖励的标准应当围绕这些目标加以设计。但是，在《法官法》规定的六个奖励标准以及《公务员法》规定的十个奖励标准中，均有一半左右的奖励标准与审判工作和法官奖励目的没有直接的关系，难以突出司法这个主题，混淆了法官奖励与一般行政奖励的界限。例如，《法官法》中规定的“在办理重大案件、处理突发事件和承担专项重要工作中，作出显著成绩和贡献的”“提出司法建议被采纳或者开展法治宣传、指导调解组织调解各类纠纷，效果显著的”等；《公务员法》中规定的“为增进民族团结、维护社会稳定作出突出贡献的”“爱护公共财产，节约国家资财有突出成绩的”“防止或者消除事故有功，使国家和人民群众利益免受或者减少损失的”“在抢险、救灾等特定环境中作出突出贡献的”等，这些行为并非基于法官的特殊身份才能实施，不应当列为法官奖励标准，而应当按照一般的行政奖励给予鼓励。

2. 在《法官法》和《公务员法》规定的各种奖励标准中，基本上都使用了“显著”“突出”等语言表述，但是，何谓“显著”、何谓“突出”，这两部法律以及相关奖励文件都没有具体规定，容易造成奖励主体理解和适用上的随意化。

3. 奖励对考核的依存关系没有得到明确。考核结果作为奖励的依据，在法官奖励中具有举足轻重的作用，但是，不论是现行的《法官法》还是《公务员法》，对此都没有明确规定。在法官考核对于奖励的重要性没有得到应有重视的情况下，奖励标准的把握也就很难有一个客观公正的依据。

（四）奖励程序缺乏民主性和规范性

1. 奖励程序缺乏民主基础。一是领导者内定奖励对象的现象较为普遍。实践中，奖励指标多数由领导者先“内定”或“推荐”，然后在会议上让群众表决；二是在奖励活动中，群众参与程度不够。一些人错误地认为，法官奖励是法院内部的管理行为，不应对外界公开，从而导致法官奖励活动缺乏当事人、律师等人的参与。事实上，法官司法活动是否公正、高效、廉洁等，他们最有发言权。为此，法官奖励要实现民主，必须发动群众参与。

2. 奖励方式不规范。首先，投票方式的非科学性。一些法院采用投票的方式确定获奖法官，这种方式看似民主，但是它却容易造成投票者感情投票，一些因秉公办案而得罪领导或同事的优秀法官很容易在投票中“落选”；其次，平均主义奖励方式的不合理性。一些法院在评选优秀法官时，按照“资源共享”的模式来操作，实行风水轮流转，今年张三，明年李四，后年王五，这种看似公平的评选方式却与法官奖励的目的相悖，难以调动优秀法官的工作积极性，并容易使法官产生不思进取的心理。

（五）奖励制度难以激发法官的职业进取心

法官奖励的实效性既离不开奖励主体的科学组织，也离不开所有法官的积极参与。但是，在法官奖励实践中，多数法官对评优评奖并没有太大的兴趣，奖励的激励作用并不明显。之所以如此，除了上述奖励机制不健全的原因之外，还有一个重要原因就是奖励对法官的职业进取心没有实质性的影响。一些法官虽然很努力并有突出的业绩，但是，一方面，他们不一定能够得到组织上的奖赏，另一方面，即使获得奖励，未必就能得到晋级、晋职的待遇和施展才华的机会。正因为如此，一些优秀的法官会选择辞职做律师或者改行做教师，以此来改变其职业命运。因此，为了充分发挥法官奖励的激励作用，应当明确奖励对法官职业生涯的积极影响，激发法官通过获得奖励这个充满活力和竞争力的平台找到属于自己的职业归宿点。[①]

① 胡志斌:《论我国法官奖励制度的缺陷与重构》，载《湖南警察学院学报》2012 年第 4 期。

三、重构我国法官奖励制度的构想

（一）加强立法，解决法官奖励立法不足的问题

为了统一和规范法官奖励行为，提高法官奖励的实效性，应当加强法官奖励制度的立法。针对我国法官奖励制度存在的立法过于抽象和简单的问题，应当通过两种方式加以解决：一是在今后修改《法官法》时应单独设立“法官奖励”一章，明确规定法官奖励的目的、主体、程序等，同时修改和完善现行的法官奖励种类和标准；二是由最高人民法院拟定并报全国人大常委会批准《法官奖励条例》。在该条例中，应当对《法官法》中规定的奖励制度特别是法官奖励的标准和程序等重要问题作出更加具体详细的规定，实现法官奖励的制度化。

（二）明确法官奖励的主体和权限

针对现行法律对法官奖励的主体界定不明的问题，应当在《法官法》和将来制定的《法官奖励条例》中明确规定法官奖励的主体为国家权力机关和人民法院。国家权力机关的奖励是指各级人大及其常委会按照法官管理权限，对于由自己任命的法官所给予的奖励。根据法官任免与法官奖惩相结合的原则，应当规定法官人事上的奖励（晋级、晋职）只能由国家权力机关决定，这样就使得法官的任免权与奖惩权有机地衔接起来。国家权力机关对法官的奖励可以由县级以上人大常委会所设立的内务司法委员会具体负责。法院的奖励分为本级法院的奖励、上级法院的奖励和最高法院的奖励。本级法院、上级法院和最高法院可以根据法官的实际业绩，分别情形给予物质、精神或者其他方面的奖励。对于人事奖励，法院可以提出建议，报有决定权的人大常委会审批。

（三）改革法官奖励的标准

针对法官奖励标准存在的问题，在奖励制度重构时，首先，要取消现行立法中与审判工作没有直接联系的奖励标准，划清法官奖励与一般行政奖励的界限。其次，应当根据司法原理将法官奖励的标准设计为政治标准、专业标准、业务标准和廉洁标准，并围绕这四个标准综合决定法官奖励。

政治标准是对受奖励法官政治素质的要求。根据政治与法律的关系，司法制度必然会受到一个国家政治制度的制约与影响。我国是人民民主专政的社会主义国家，“依法治国、执法为民、公平正义、服务大局、党的领导”的社会主义法治理念决定了法官奖励的标准应当包含法官服从党的领导和司法为民等方面的政治素质。

专业标准强调获得奖励的法官应当具有精通法律、明晰法理等专业品质。审判工作是一项专业性很强的工作，只有精通法律，具有良好法律品质的人才能够胜任。“如果让一个不精通法律、不尊重法律精神的人来承担法律实施的重任，必然会导致‘监守自盗’的结果，使法律的神圣性和正义性失去内部保障，也使得法律容易成为偏私的理由和工具。”[①] 因此，法官奖励应当坚持一定的专业标准。对于法官专业素质的高低，可以通过他们的专业学习和研究情况来认定，如法官的继续再教育或培训情况，主持研究课题或发表专业论文情况等。

业务标准是对法官在审判工作中的审判质量和效率的要求。业务标准是法官奖励中的关键性标准。它重在强调法官的司法能力，而法官业务素质的高低可以通过构建审判质量效率评价体系来认定。应当指出的是，不同地区、不同审级的法院，由于它们的司法资源、司法环境等方面存在差

---

① 谭世贵：《试论法官的独立司法人格》，载《海南大学学报》（人文社会科学版）2003 年第 4 期。

异，在设计法官审判质量效率评价体系时不可一概而论，应当因地制宜、因院而异。只有这样，才能够确保法官奖励的客观公正。

廉洁标准重在强调法官在任职期间要正直清白，不贪赃枉法、徇私舞弊。由于我国还没有实行法官高薪制，同时法官监督机制也不健全，这就更需要法官廉洁自律，不贪污公共财物，不索贿受贿。法官是否做到了廉洁公正可以通过其个人及其家庭财产申报以及外部的检举监督机制来判断。

（四）完善法官奖励的种类

1. 改变现行的奖励种类。如前所述，“嘉奖、记三等功、二等功、一等功、授予荣誉称号”不仅都属于精神性奖励，无法满足优秀法官的多样化价值追求，而且在奖励实践中，绝大多数的法官很难获得后三种奖励。为此，将来修改《法官法》时，应当明确规定法官奖励的种类为物质奖励、精神奖励、人事奖励和其他奖励，并在将来制定《法官奖励条例》时，规定这几种奖励的具体形式。例如，物质奖励包括给予实物、现金等；精神奖励包括通报表扬、授予荣誉称号等。

2. 强化并规范物质奖励手段。“不管人的需求如何变化，从亿万富翁的经营者，到等米下锅的拿最低工资的员工，金钱作为一种激励因素是永远不能忽视的。”[①] 我国法官没有实行高薪制，物质奖励对法官的吸引力和补给功能是不可否认的。因此，法官奖励应当将物质奖励放在各类奖励手段之首，并规定物质奖励额度的上下限，允许物质奖励有适度的地区差距和级别差距。当然，奖金要确实体现出受奖励者应得的报酬，同时，报酬宁可多给一点、早发一点，千万不要给得太少、太晚。[②]

---

① 关培兰：《组织行为学》，中国人民大学出版社 2003 年版，第 124 页。

② 吴琼恩：《公共人力资源管理》，北京大学出版社 2006 年版，第 99 页。

3. 增加人事奖励种类。为了给一些优秀的法官创造更多的施展抱负、发挥创造力的机会和空间，在将来修改《法官法》时，应当增加具有内在激励价值的人事奖励，具体包括晋职、晋级、上调、列入后备干部等组织措施。增加人事奖励既能够充分调动法官尤其是年轻法官积极向上的职业进取心，同时也是法官人事改革的内在要求，符合法官遴选的改革方向，有利于实现法官人力资源的科学开发与良性流动。

4. 增加其他奖励种类。由于现行的法官奖励种类重在精神奖励并辅以物质奖励，奖励手段比较单一，难以适应新时代法官的现实需求。为此，除了增加上述的人事奖励以外，还可以根据法官管理或者法官队伍建设的阶段性要求，增加能够体现法官奖励目的的其他种类。例如，奖励优秀法官到知名政法院校深造，通过外出学习，更新知识、开阔视野；又如，奖励度假，让优秀的法官在国家法定假期之外的时间到国内风景名胜区度假，通过高质量的休假，增进法官身心健康，提高司法效率。

（五）完善法官奖励的程序

1. 确立奖励对考评的依赖关系。首先应规定法官奖励以法官考评为基础，实行民主测评、从优确定、民主监督的方式。其次要设计法官考评细则，考评细则应围绕上述的政治标准、专业标准、业务标准和廉洁标准来设计。设计考评细则时要广泛地征求各方面的意见，力求评价指标和体系的设计公正合理，并且具有可操作性。为了提高评奖活动的效率，避免评奖机构的重复设置，评奖活动中的考评任务可以交由法院内设的法官考评委员会来承担。

2. 搭建法官奖励的媒体监督平台。法官的审判活动是否公正、高效和廉洁，广大群众尤其是当事人和律师最有发言权，因此，为了确保法官奖励的民主性和公正性，奖励主体应当搭建媒体监督平台，发动群众特别是当事人和律师对评奖活动进行监督。在法官奖励活动中，评奖结果不仅要在当地有影响的报刊、电台、电视台上公示，而且要在互联网上公示，充分发挥现代媒体的监督作用。

3. 建立奖励听证制度。即任何参与奖励活动的法官对评奖的初步结果存在异议的，均有权在规定的期限内要求奖励主体举行听证会。奖励主体受理听证申请后，由没有参与奖励组织活动的其他工作人员主持，在奖励活动的具体组织者和提出异议申请的法官参加下，举行听证会。听证程序结束后，奖励主体应当将听证结果告知听证申请者。①

第三节　司法保障制度②

一、建立司法保障制度的必要性

提及法院和法官，几乎所有的人都能对其职业特征说上一二，并对其寄予厚望，但与此同时，我们不能忽略司法目标的实现需要各种保障制度的支撑。正如有的学者所指出的那样，司法职业的特殊性并不仅仅停留在司法职业特点的客观状态的描述方面，还必须予以坚实的保障，即形成制度性和法律化的保障机制。构建法官素质养成保障制度必要性在于以下三个方面。

（一）为法官素质养成提供物质保障，促进司法廉洁

法官素质养成保障制度解决了法官素质养成过程中自身及其家庭正常生活所必需的费用，使其能够专心从事司法工作，并在司法工作中静心养

① 参见胡志斌：《论我国法官奖励制度的缺陷与重构》，载《湖南警察学院学报》2012 年第 4 期。

② 参见胡志斌：《法官素质养成研究》，南京理工大学博士论文，2011 年。

成良好的司法素质。廉洁、公正的司法素养要求法官不得通过司法权的寻租获得不应有的报酬，然而，在社会风气不够纯正、法律制度或司法制度不够健全的情况下，法官很容易被金钱所诱惑，也容易对自己微薄的收入感到不满。如果我们只一味地对法官进行清正廉洁、两袖清风的空洞说教，而不采取切实可行的经济保障手段，消除法官贪赃枉法的私欲，法官素质尤其是职业道德素质的养成只能是一种奢望。因此，国家和有关部门应当为法官养成良好的政治、专业、业务和职业道德素质提供充分的物质保障，确保法官素质养成的培养皿有足够的“养分”。

（二）为法官素质养成提供职务保障，维护司法公正

法官素质养成并得以展现的显著标志就是严格依法公正地审理案件，不畏权势、刚正不阿。然而，司法环境中难免会存在各种不当权力或利益主体的干扰。如果法官铁面无私，依法公正审理案件，就有可能触及其他社会主体尤其是对法官拥有一定管理权的主体的利益。因此，在法官各种素质养成和展示的过程中，需要国家依法提供职务保障，赋予其追求正义的力量和勇气，消除其公正司法时的种种顾虑，从而为法官素质养成提供稳固的司法职务，彰显司法公正的素养。

（三）为法官素质养成提供监督保障，防范司法腐败

法官素质养成是通过教育培训和法官自身修养等外因和内因共同作用的过程，是通过客观性的外在行为促使法官世界观、价值观的改造，促进其良好的司法品质的养成。但是，法官是否养成良好的政治、专业、职业道德以及业务素质，其本身难以判定，需要通过一系列的司法行为才能够表现出来。因此，为了判断法官素质是否养成，还应当构建监督保障机制，通过司法内部监督和司法外部监督机制的构建和运行，为法官素质养成和素质展示戴上“紧箍咒”，一方面，警示法官其言行都在公众的监控之中，

应当注重职业修养，不得利用手中的权力进行司法腐败；另一方面，建立健全监督保障制度也能够实现法官素质监督的法制化，为惩戒违法违纪和犯罪的法官提供制度保障。

二、法官素质养成的物质保障

（一）法官物质保障的基本要求

1. 司法经费及时足额供给

和经济活动不同，司法活动不仅不能直接地创造经济效益，反而需要耗费一定的经济资源。也就是说司法活动的正常运转离不开经费的支持，为此，应当建立稳定可靠的司法供给制度。首先，要保障包括法官工资及各种福利在内的司法经费应当单独预算与拨付，不仅要足额预算，而且要做到及时拨付，尤其是对法官的工资更要给予充分的保障。在国家各个地方经济发展不平衡的情况下，针对欠发达地区或者经济落后地区，还有必要将其司法经费纳入中央财政统一供给，以消除地区司法供给的差异，为国家司法统一性提供物质基础。其次，司法经费的供给还应当随着国家GDP的增长而适度增加，在特定情况下，还可以单独追加司法经费。经济的发展、社会的进步以及法制的健全，必然要求司法供给能力的不断提升，而司法能力的提升也就意味着司法投入的适时加大。从司法投入的方向来看，既包括司法硬件的改善或升级，如新建或扩建办公楼改善司法设备等，也包括法官等司法人力资源的深度开发和适时补给。最后，即使国家出现一时的经济萎缩，也不能首先考虑牺牲减少司法经费。

2. 法官高薪制

“仓廪足而知礼节”，当一个人物质财富得到了一定满足，他就不必为之而弯腰，此时，道德的力量就会极大地显现出来。法官责重事繁，地位崇高，世界绝大多数国家规定了法官享有较为丰厚的物质待遇，以使其安心、静心地依法独立行使审判权。因此，高薪制对于吸引和稳定法官人才、维护司法尊严、防止司法腐败等具有积极意义。美国各州的法官收入也比较高，如纽约州法官年收入为115000美元，加州的法官年收入为12120美元，阿肯色州的法官年收入为105872美元。英国大法官的年薪高于首相。[①]日本最高法院院长的薪金与内阁总理大臣、国会两院的议长相等。[②]当然，法官工资能否实现高薪制，最终还需取决于国家法治建设和经济发展水平。为了体现法官职业的特殊性和重要性，即使国家的经济能力还无法保证法官的高薪，但是，至少应保证其工资水准适当高于同等条件下的其他国家公务员。

3. 法官高额退休金制

和其他国家公职人员一样，法官到了法定年龄必须退离职业岗位休养生息，安度晚年。但法官退休后能否安度晚年，经济条件是关键性的因素。经济条件的优劣这一方面取决于法官任职期间的工资积蓄，另一方面取决于国家给付的退休金，即养老金。为了避免法官离职后因经济待遇的下降而感到失落，甚至影响其生活的质量，国家还有必要建立法官高额退休金制度，其目的是让法官不会因顾虑晚年衣食住行质量，而影响其在职期间的工作积极性。更为重要的是，法官高薪制可以防范个别法官出于养老保障不力的担忧而在任职期间贪赃枉法，中饱私囊。

（二）我国法官物质保障的现实困境

我国法官的工资大多由地方财政供给，工资总额偏低，老、少、边、贫地区的基层法官工资还时常难以保证及时、足额兑现，这与法官的崇高职业形象很不相称。这不仅影响了法官个人的自信和自尊，也为一些不法

---

① 崔利娜：《法官职业保障制度研究》，山东大学硕士学位论文，2009年。

② 王利明：《司法改革研究》，法律出版社2001年版，第477页。

之徒针对法官的“低收入”进行司法贿赂提供了可乘之机，使得司法权威处于被亵渎的危险境地。在很多地区，法官的工资福利待遇与同级公安机关警察相比，相对偏低。这就可能导致司法权的行使因受地方政权不同程度的制约而产生司法分裂现象。①

（三）我国法官物质保障制度的创新

为解决上述问题，应当完善司法财政管理体制，提高法官的物质待遇，效仿目前的海关、国税等国家机关的管理体制，实行司法机关垂直管理。全国各级法院每年的财政预算应由最高人民法院汇总并向全国人民代表大会提出，经批准后，由中央财政统一下拨，以克服法院和法官对地方的依赖。如果认为一步到位地对法官人事和财政实行中央垂直管理的条件不太成熟，目前可以进行这样的改革：各级人民政府编制预算并向本级人民代表大会提出预算案，经过本级人民代表大会审查和批准后，由同级人民政府执行。②待司法管理体制完全理顺，实行中央管理时，再实行由中央财政统一划拨司法经费。

在我国尚不具备建立法官整体高薪制的情况下，基于基层法院审判任务的繁重性、工作环境的特殊性、法官发展的有限性以及司法环节的重要性等特点，可以建立基层法院法官工资高薪制度，并且实行城乡有别、层级有别的政策，为基层法院法官良好素质的养成提供物质保证。具体而言，在学历、级别、工龄相同的情况下，基层法院的法官工资应当按照高出普通公务员一定比例（如 15%）的标准予以核定。同时，为了缩小法院系统内部的法官资源层级“剪刀差”、城乡“剪刀差”和地区“剪刀差”，建议在基层法院法官高出普通公务员工资的基础上，进一步规定同等条件下，基层法院法官工资

① 蔡定剑：《论法律支配权力》，载《中外法学》1998 年第 2 期。

② 谭世贵：《中国司法改革研究》，法律出版社 2000 年版，第 391 页。

再考虑按照超出中级以上法院的法官工资标准予以核定。

三、法官素质养成的职务保障

（一）法官职务保障的内涵解读

法官职务保障的目的在于为法官素质养成和素质展示提供平台，如同工厂的学徒离开机器和车间而无法学到实用技术，演员离开舞台便无法成就和展示演艺一样，法官职业素质的养成既离不开法袍和法槌，也离不开身穿法袍、手握法槌时的判断权和执行权，否则，无法练就公正、独立、权威、高效的司法品质。也就是说，法官素质养成的职务保障包括两大部分：一是职务身份的保障，二是独立行使职权的保障。前者是静态性的保障，是前提；后者是动态性保障，是前者的必然要求。

1. 法官终身制

终身制是相对于任期制而言的，为了消除法官因公正司法而担心丢掉饭碗或遭报复的顾虑，国家应当通过宪法或法律明确规定，法官一经依法任命，只要没有职务上的违法犯罪行为，在达到退休年龄之前，其任职不受任期的限制。这样可以免除法官续任的担忧和顾虑，使其能够专心司法，公正司法，勇于抵制各种不当的司法干预。世界上大多数的国家实行法官终身制，如英国、法国、德国、荷兰、意大利、比利时、巴西、美国、加拿大、印度、泰国等。当然，少数国家对有些法院的法官又有任期的限制，如意大利宪法法院法官任期 9 年，不得连任；美国联邦法院法官和 7 个州的法院法官任期 6 年，而其他大多数州法院法官实行任期制。[①]

---

① 周道鸾：《法官法讲义》，人民法院出版社 1995 年版，第 112—113 页。

2. 非因法定事由不得罢免

罢免事由法定化是很多法治较为成熟国家的做法。例如，美国联邦宪法规定，联邦法院法官只有因犯叛国、贿赂，或其他严重罪行以及不良行为，遭到弹劾并经国会同意后，才能罢免。澳大利亚宪法规定，法官罢免事由为不良行为和不称职。联合国《关于司法机关独立的基本原则》第18条也规定，法官只有因不称职或者有使其不适合履行职责的行为，才能免去法官职位或者停止法官职务。①

3. 非经法定程序不得被罢免

首先，提起罢免司法人员职务的主体法定化，并且这主体具有较高的法律地位。例如，根据美国联邦宪法，如果要免去联邦法院法官的职位，必须先由众议院提起弹劾指控，然后经过参议院审理，经审理确定弹劾指控成立的，方能罢免受弹劾的法官。在英国，高等法院及其以上法院的法官，只有在下议院和上议院一致通过罢免决议的情况下，才能由女王免去其法官职位。其次，司法机关可以通过各种方式介入法官罢免程序，以防止法官罢免权完全落入议会或者行政机关手中。例如，德国的法官纪律法院均由法院的法官组成。在英国，对于高等法院以下法院的法官免职必须事先取得高等法院院长的赞同，并经他指派的法官对事件调查确证之后方可免去法官的职位。最后，罢免法官采用司法化程序。②即规定罢免司法人员职务必须适用严格的司法化弹劾程序，司法人员只有经过审判并认定指控事实成立的，才能被罢免。

4. 依法独立履行职务

依法独立履行职务要求法官在行使司法权时，只尊重事实，只服从法律，既不受司法内的不当约束，更不受司法外的非法干涉。然而，这只是

① 王利明:《司法改革研究》，法律出版社2001年版，第474页。
② 王利明:《司法改革研究》，法律出版社2001年版，第481—482页。

一个理想化的模式。法官并非生活在真空中，从司法管理的角度而言，他要受到司法管理者组织、人事上的管理，而且可能受到司法外有关组织或个人的指挥。独立审判和司法管理天生就是一对矛盾的对立面，但是二者均有其存在的必要性。为了实现矛盾双方的统一，就必须找到二者的平衡点。这其中很重的协调原则就是，司法管理应当为法官独立履行职务提供平台，创造环境。说到底，管理者不得以人、财、物、权的不合理控制，直接或间接地影响法官依法公正办案。

（二）对我国法官职务保障制度的评价

基于上述法官职务保障的解读，根据我国立法与实践，法官职务保障尚有较多不及，首先，《法官法》和《公务员法》均没有明确规定法官终身制等职务身份保障的内容，其次，法官履行职务保障也缺乏相应的制度支撑。下面仅就法官履行职务保障的体制性和机制性障碍加以分析。

1. 现行管理制度难以保证司法公正的最大化，从而影响法官公正素质的养成

司法公正在很大程度上取决于法官依法公正、独立的审判和执行案件。要想做到这一点，特别需要从司法管理制度上给法官一个独立判断、权责一致的司法环境。而我国现行的地方化司法管理体制，在一定程度上使办案法官难以摆脱地方保护主义和地方行政的干预，从而影响法院或法官依据事实和法律作出公正的裁判。在这种情况下，法官公正素质的养成在一定程度上会受到阻碍，公正对于法官来说，也就成了因人、因事、因地而异的变数。

2. 现行管理制度影响了司法的效率性，影响法官效率素质的养成

司法效率的高低不仅与法官内在的专业素质、业务能力等有着直接的关联，而且司法效率还受到司法管理体制等外在因素的影响。对法官司法活动的管理环节越多，司法效率自然会越低。所以，一些学者主张司法决

策的去行政化，[①] 其内在的合理性就是司法效率的提高。而我国现行的司法决策体制是一种行政化的体制，首先，合议庭或者独任庭通过审理对部分案件的判断并不能直接作为法院的裁判，审判组织的意见还必须经过审判委员会集体表决才能够作为权威的裁判。其次，部分的司法文书都必须经过院长或者分管院长签字审批。这些行政化的司法内部管理体制变相地剥夺了作为司法人员法官的独立的判断权，即便法官司法活动效率很高，但因司法决定环节的增加，司法效率难以最大化。因此，这种多层次的司法管理机制在一定程度上抑制了法官提高司法效率的积极性和主动性。[②]

第四节　司法资源配置制度

一、分配正义：司法资源配置的理论基础[③]

分配正义理念由来已久，它最初是一种基于社会财富分配问题衍生而来的经济伦理观念，强调社会财富分配结果的公正性。进入市场经济时代，公众不再拘泥于分配结果公正的追求，开始关注获得资源机会的平等性和资源分配过程的公正性，因为机会和过程影响着人们在市场大潮中的竞争结果。于是，有人对分配正义有了另类理解，强调分配正义首先是分配原则和方式的平等性，并承认结果的差异性。正如美国著名法理学家罗尔斯所理解的那样，正义是起点的平等和有限的结果平等。据此，他提出了机会平等原则和差别原则。他还认为，虽然每个社会成员的基本权利完全相

① 谭世贵、翁凌峰：《科层制司法管理的问题与出路》，载《云南大学学报》（法学版）2005年第4期。

② 胡志斌：《法官素质养成研究》，南京理工大学博士学位论文，2011年。

③ 胡志斌：《基于分配正义理论的法官资源配置问题研究》，载《海南大学学报（社会科学版）》2013年第1期。

同，但是受社会环境、自然环境和自然人个体等因素的影响，机会和过程的平等并不一定能够带来结果的公正。所以，基于社会正义的考虑，国家有必要采取措施，平抑分配结果的过分失衡。①

随着分配正义理论在诉讼领域的渗透，现代法治社会以司法制度为基本依托，各国无不注重合理配置和优化司法资源，通过司法资源的公正配置，平衡司法成本、提高司法效率②。与人们对分配正义内涵理解的演变一样，对分配正义在司法领域的理解也必然会历经一个从只重视司法结果的公正到司法过程和结果等量齐观的公正观转变。传统正义观念认为，只要法院的裁判符合事实和法律，司法的正义性也就得以体现。但随着司法供求矛盾的日益凸现，以法官资源为核心的司法资源分配与享有的公正性问题也显现出来。法官等司法资源在不同地区法院、不同层级法院分布不平等以及不同群体利用司法资源条件或能力的差异，不仅造成了司法结果公正性的差异，同时还可能造成法官等司法资源消耗的恶性循环。例如，一些当事人上诉、申诉或涉诉上访一方面与司法资源的不足有着直接的关系（例如，“案多人少”使得法官为了提高司法效率而降低司法质量等），另一方面这些诉讼行为倒过来还会消耗或牵制有限的司法资源，造成司法资源供给更加紧张的窘局。

为此，有学者提出这样的司法资源分配理念：基于分配正义原则的要求，司法资源配置应当与争议的价值、重要性和复杂性成比例。③也就是说，以法官资源为核心要素的司法资源的配置不仅要考虑当事人诉求的多寡，而且应当考虑司法资源配置与利用能够物有所值。换言之，法官等司

① ［美］约翰·罗尔斯：《正义论》，何怀宏等译，中国社会科学出版社 2001 年版，第 150—160 页。

② 范愉：《司法资源供求失衡的悖论与对策》，载《法律适用》2011 年第 3 期。

③ ［英］阿德里安 A.S. 朱克曼：《危机中的民事司法》，傅郁林等译，中国政法大学出版社 2005 年版，第 16 页。

法资源的配置不仅要保证司法结果的公正性，也要保证配置形式的公平性，以体现分配正义的价值目标。

二、基于分配正义的法官资源配置原则

分配正义理论对于法官资源的公平、有效配置具有理论指导价值，结合司法原理，法官资源的配置应当坚持以下几个方面的原则。

（一）统一配置原则

法官资源既是一种国家资源，也是一种公共资源，还是一种有限资源。在强调法制统一性的国家，法官资源的专业开发与统一配置是分配正义的应有之义，也是有限资源公平配置的众望所归。所谓统一配置原则，是指包括法官资源在内的司法资源由国家统一管理，并由司法管理者基于分配正义理论的内在要求，在不同地区、不同层级的法院中一体化配置的司法管理原则。确立法官资源统一配置原则，其根本目的就是为了在形式上保证法官资源公平配置，避免在同一个国家不同地区、不同层级的法院中出现分配性差异（包括法官资源数量上、质量上的配置失衡）。换言之，统一配置就是防范地方法院在法官资源配置问题上各自为政，造成司法分化，从而影响国家司法的统一性，并最终导致司法公正的差异。所以，坚持这一原则，对于地方经济、社会和法治发展不平衡的国家，尤为必要。只有坚持这种司法资源分配的正义，才有可能保证整个社会的正义。

（二）“案量”配置原则

法官资源分配结果的公正不是法官资源分配正义的唯一目标，它还要求分配形式上的公正。形式上的公正首先要求法官资源的分配能够保证公众有平等获得纠纷解决的机会，这就要求法官资源的配置应当坚持“案量”

3. 问责活动重实体、轻程序

在过去很长时间内，我国司法重实体、轻程序的现象较为突出，不仅司法机关如此，而且公众对司法行为的关注也基本上注重实体裁判结果，并以此来评价司法的公正性，而对于司法过程的正当性如何，并没有表现出太多的兴趣。随着程序正当司法理念逐步深入人心并日趋固化为人们评价司法行为正当性的工具，正当化程序的构造在我国《刑事诉讼法》《民事诉讼法》中已经得到了明显的体现。司法问责作为追究司法机关及其司法人员责任的程序性行为，问责主体具有司法或准司法属性，问责对象是司法机关及其司法人员，问责内容是对司法行为的合法性问题作出判断，可见，问责行为本身也是一种司法行为，由于这种司法行为公正与否的直接感受者是司法人员，因此，问责活动更需要坚持实体公正与程序公正并重的司法原则。

然而，如上文所述，按照现行的《公务员法》《法官法》以及最高人民法院的相关司法文件，可以作为司法问责的依据基本上都是实体性的规范，而对于问责（现行的法律文件或司法文件称之为“惩戒”“查处”）的程序性规范，包括问责的空间性规范（如立案、证据的收集与认定、问责的结论、被问责主体的权利救济、问责活动的公开等）以及问责的时间性规范（问责各阶段的期间等），目前的规范文件均缺乏系统性、专门性的规定。尽管最高法院制定的《人民法院监察部门调查处理案件暂时办法》为司法问责提供了一定的规范依据，但该暂时办法不仅法律效力偏低，而且其规定也比较抽象和弹性，给问责主体留下了较大的自由裁量空间，容易造成问责权的滥用①。司法问责难免会出现程序有始无终，或者问责遥遥无期，或者问责不透明等诸如此类的程序性问题。程序不当或程序失当自然会影响司法问责结果的公正性。

---

① 胡志斌:《完善我国法官惩戒制度的探讨》，载《学术界》2010 年第 8 期。

和实效性。适时平衡既包括具体法院内部的法官资源配置的平衡，也包括法院系统内不同层级、不同地区法院之间的法官资源的平衡。前者可以由某个法院自行调整完成，后者则需要上级法院根据统一配置原则，适时完善法官资源的配置格局。

（四）基层优先原则

法院的司法职能包括审判、执行、审判监督、审判管理等，其中，审判是法院职能的核心，并影响其他司法职能的发挥和司法公信力的确立。如果审判质量和审判效率高，第二审程序、审判监督程序则很少甚至无须启动。这就意味着只要严把一审关，提高第一审裁判的公正性，就能尽量减少再耗费法官资源。更重要的是，司法的公信力或司法权威也就可以在第一审阶段较早地得以确立。而能否达到这一理想效果，则又取决于第一审司法资源特别是法官资源的多少与优劣。在我国法院体系中，不同层级法院的功能并不完全相同。一般而言，法院层级越低，其审判职能就越明显，到了基层法院，其职能也就是审判和执行；法院层级越高，审判职能和执行职能相对越弱化，审判监督职能、审判管理职能就越强化。有句著名的法谚："迟来的正义非正义"，似乎可以反过来这样理解："早到的正义更正义。"基于这种考虑，在配置法官资源时，可以优先将优质的法官资源配置到基层法院，力求将司法公正、司法效率和司法权威等司法目标实现在基层，最大限度地减少因上诉、申诉、涉诉上访等造成的司法资源的浪费和司法权威的损伤。

三、对我国法官资源配置现状的检视

法官资源配置作为一种程序性的司法管理活动，直接关乎司法结果的公正性。检视我国法官资源的配置现状，明显存在以下几个方面的弊端：

（一）城市司法辖区的法官资源明显优于农村司法辖区：基于对安徽省阜阳市颍上县、区基层法院的比较性调研

从法制统一性的角度，司法虽有辖区、层级和专业的划分，但对于公众或当事人来说，不应当有司法待遇上的差别。然而，受我国城乡差异性的影响，城市司法辖区和农村司法辖区的分化客观存在。[①] 这种分化在法官资源的配置上表现得较为明显。在笔者主持的安徽农业大学稳定人才科研项目“城乡协调发展中的农村司法资源优化配置研究”的研究中，研究人员选择了安徽省阜阳市的颍东区基层法院（其司法辖区主要为城市，不妨称之为“城市基层法院”）和颍上县基层法院（其司法辖区主要为农村，不妨称之为“农村基层法院”）为研究样本，对它们的辖区人口、近三年年均受案量、法官专业素质、法官数量等情况进行比较研究。经研究发现，法官资源配置在两种不同类型的基层法院明显失衡。首先，颍东区的城市基层法院司法辖区人口为 62 万人，法官（审判人员）为 55 人，每位法官平均需要为 11273 人提供司法服务；颍上县的农村基层法院司法辖区人口为 160 万人，法官（审判人员）为 77 人，每位法官平均需要为 20779 人提供司法服务，比前者多 45.7%。其次，颍东区的城市基层法院近三年法官年均处理案件的数量为 2000 件左右，颍上县的农村基层法院法官年均处理案件的数量为 4200 件左右，比前者多 52.4%。最后，从法官专业素质的角度来讲，颍东区的城市基层法院 94 名司法人员中，本科以上学历的 78 人（60% 为国民教育序列的本科学历），具有硕士以上学位的 7 人；颍

---

① 农村司法辖区是指设立在县、自治县或旗行政区域的基层法院的司法区域，以广大的农村地区为主，处理的案件绝大多数与“三农”有关。受城乡二元化发展模式的影响，我国农村地区的基层法院和城市基层法院相比，不仅司法环境相对落后，而且法官整体素质和司法能力相对较低。参见谭世贵：《我国农村司法制度的初步研究》，载《法学杂志》2009 年第 10 期；谭世贵：《实现我国农村司法现代化的路经探索》，载《安徽农业大学学报》（社会学版）2012 年第 3 期。

上县的农村基层法院149名司法人员中，本科以上学历的114人，而且只有2人为国民教育序列的本科学历。

法官资源配置在城市和农村基层法院形式或机会上的不平等，难免会造成司法结果公正性的差异。根据近三年的阜阳市司法统计资料[①]，全市近三年的上诉案件中，由颍东区的城市基层法院第一审的占9%，由颍上县的农村基层法院第一审的占18.6%。近三年被阜阳市中级人民法院撤销裁判发回重审和直接改判的案件中，颍东区的城市基层法院占7%，颍上县的农村基层法院占16.8%。

（二）审判职能的强弱与法官资源配置的优劣不成正比

按照法官资源配置的“案量”配置和基层优先两项原则的要求，从数量上，法官资源的配置量应当与法院或法官实际承担的审判工作量成正相关关系。从质量上，法官资源应当优先配置到实现司法公正最关键的司法环节或审判阶段，尽可能早地让当事人服判息讼，减少不必要的讼累和司法资源浪费。但是，我国目前的法院审判职能与法官资源的配置出现了倒金字塔的状态，即层级越低的法院，虽然其审判职能越强，但其法官队伍的素质结构特别是专业素质整体上越低；法院层级越高，虽然其审判职能越弱，但是其法官队伍的素质结构越优，而且这些优质的法官资源并没有最大限度地发挥其审判职能的作用。相反，层级低的法院特别是基层法院相对弱质的法官队伍却承担着繁重的审判任务，这也是不少基层法院出现“案多人少”现象的重要原因。我国最高法院近些年工作报告的目标部分以及1999年以来的三个《人民法院五年改革纲要》，都在强调加强法官队伍的基层、基础建设，但几乎没有提及中级以上法院法官队伍的专业化建

① 虽然这只是特定地区的个案，但这种现象在我国其他地区有着一定的共似性，理论界和司法实务部门对此已经有所关注和研究。

设和结构优化等问题。这也从一个侧面反映了目前的法官资源配置与法院的审判职能出现了错位。为了更进一步的说明问题，不妨可以了解一下某省三级法院法官审判任务纵向比较情况（参见表1）。[①]

表1　某省三级法院法官人数与承办案件量比较表

单位	办理案件数（件）	法官人数	法官人均案数（件）	办案法官人数	办案法官人均案数（件）
省高院	6010	350	17.2	245	24.5
中级法院	69911	2441	28.0	1665	42
基层法院	823816	10237	80.5	7472	110.3
全省法院	899737	13028	69.1	9382	95.9

通过表1，不难看出，法官资源配置形式上显失公正，这不仅容易给基层法院的法官带来较大的工作压力，使其不堪重负，影响这些法官资源的可持续利用，而且也容易造成审判质量和执行效率的降低，并引发上诉、申诉、涉诉上访等，造成司法资源尤其是法官资源浪费的恶性循环。

（三）各地法院之间的法官资源分布不均衡

在法制或司法统一的国家，应该按照统一配置、适时平衡等法官资源配置原则的要求，不同司法区域不应当有法官资源分布的较大偏差。但是，我国各省、自治区、直辖市之间在法官资源的配置上却出现了较大的差异。受经济、交通、文化等因素的影响，直辖市、沿海经济发达省份的法官资源结构相对较为合理，法官资源不仅在数量上较为丰富，而且地方三级法院之间的法官资源也不存在明显的优劣。尤其是像北京、上海这样的现代化大城市，基层法院、中级法院和高级法院的法官队伍的素质结构接近同

① 山东省高级人民法院研究室：《山东法院审判力量配置与法官负荷情况分析》，载《人民司法》2010年第19期。

质化，基层法院的法官中具有博士学位的早已不是什么稀罕事。而在我国广大的中西部地区，法官资源的结构存在着明显的城乡之间、层级之间的差异。一些身处基层一线的优秀法官难以安心工作，常会想方设法“脱离基层”。

横向比较，各地法院之间法官资源配置不均衡最集中地体现在基层法院之间。例如，上海市长宁区法院辖区总人口66.83万人，审判人员223人，平均每一位法官可以为2997人提供司法服务。法官中具有本科以上学历人员208人，其中法学博士3人，法学硕士54人。[①] 相比之下，地处我国中部地区的安徽省颍上县法院则相形见绌，该县辖区人口160多万人，法官149人，平均每一位法官需要为10738人提供司法服务。法官中具有本科以上学历人数114人（只有2人的本科学历为国民教育序列），无一人具有研究生学历。[②] 发达地区的基层法院不仅法官资源较为丰富，而且凭借其经济和区位优势，很容易稳定法官队伍和适时进行法官资源的新陈代谢。诚然，经济发达地区的基层法院也存在一定程度甚至比欠发达地区基层法院更突出的超负荷司法现象，但其配套的法官职业保障制度（如高额补贴、带薪休假等）基本上能够维持司法工作的平稳运行。

四、优化我国法官资源配置的路径选择

司法公正、高效、权威是我国司法改革的目标。而司法是否彰显了公正、高效、权威，司法资源的公平配置与公正分享是其重要的评价标准。法官资源作为司法资源中最核心、最具活力的要素，寄托着公众对司法公

① 参见上海市长宁区人民法院简介，载http://cnfy.changning.sh.cn/view_0.aspx?cid=7&id=17&navindex=0，访问时间：2018年9月20日。

② 参见安徽省颍上县人民法院人员机构设置简介，载http://ahysxfy.chinacourt.org/，访问时间：2018年9月20日。

正、高效、权威的厚望。所以，法官资源能否为公众平等化、最大化分享，法官资源的合理配置是前提。鉴于我国法官资源配置现状的诸多不足，可以通过以下思路予以优化。

（一）面向农村司法辖区充实法官资源或替代性资源，缩小城乡“法官资源剪刀差”

针对我国城乡二元化现状难以短期内转变的实际，在不宜对法官资源分配进行大调整的情况下，改变城乡司法辖区法官资源丰歉不一的稳妥举措就是，通过合理开发法官资源或者替代性资源，充实到农村司法辖区，以缩小并逐步消除城乡“法官资源剪刀差”。

第一，定向培养农村地区基层法院及其派出法庭法官后备军。为了缓解农村地区基层法院及其派出法庭法官资源不足或短缺的压力，可以借鉴普通高考招生中面向欠发达地区培养“免费师范生”的模式，依托政法院校，针对农村地区定向培养法官助理或书记员，并积极引导和鼓励他们通过国家司法考试，最终取得法官资格。具体而言，对于有志从事法官职业并立志扎根基层的高考生，规定只要达到所在省份规定的本科（或一本）分数线的，可以与有关部门签订司法人员定向培养协议。如果定向培养的法科学生在校学习期间表现良好并且顺利完成学业的，培养费由国家全额补偿，毕业后按照协议的约定，到农村地区的基层法院及其派出法庭担任法官助理或者书记员，通过司法考试者，可依法获得法官资格。并规定在农村地区基层法院工作必须满一定年限（如规定不少于10年），方可调离或辞职等。这样可以缓解农村地区特别是西部地区基层司法人才匮乏的问题。[①]

第二，挖掘退休法官和退居二线法官的经验资源，弥补农村地区法官

① 木子：《试点改革：西部司法官困局之解》，载《民主与法制》2009年第12期。

资源的不足。在其他国家，“年长、经验、精英”是法官的基本特点。[①] 这其中蕴含了对法官经验资源的看好。为此，省级高院或市级中院人力资源管理部门可以定期对退休法官或者退居二线的法官进行统计，在有关部门支持与配合下，附加条件的延长其法官职务身份 5 年，并给予较为丰厚的待遇。该附加条件就是到农村地区的基层法院发挥余热，以弥补该地区法官资源的不足。

第三，以“卓越法律人才教育培养计划”为契机，选调优秀法科毕业生到农村地区基层法院担任法官助理或者书记员，承担法院非审判性事务，让具有审判员身份的法官集中精力承担裁判性司法工作，从而提高司法效率，缓解“案多人少”的矛盾。按照中央政法委和教育部的联合部署，自 2011 年年底，我国高等政法院校和法学院系将陆续通过法学教育与法律职业互动的方式，开展旨在强化法科学生实践能力培养的卓越法律人才教育改革。可以预见，通过这样的人才培养模式的改革，法科人才培养质量、法科毕业生适应司法工作的能力会大大提高。有了人才质量的保证，择优选调适量的法科学生到农村地区基层法院从事司法辅助性工作，并逐步胜任法官工作，这无疑是法官资源开发和配置的新举措。[②]

（二）合理“下放”中级以上法院的法官资源，改变其“头重脚轻”的分布形态

首先，由省级高院牵头，建立省级法官资源配置管理与协调中心。该机构可以与法院人事部门合署办公，具体负责全省（自治区、直辖市）各级法院法官资源的配置、调整等工作。为改变法官资源配置与法院审判职能不一致的状况，平抑地方三级法院法官资源配置的差距，应当进行全省

① 王利民：《司法改革研究》，法律出版社 2001 年版，第 454 页。

② 康宝奇等：《审判资源配置新视角：“外援型法官”助理模式运行之检讨及型构》，载《法律适用》2010 年第 11 期。

（自治区、直辖市）的法官资源配置状况的统计和分析，并结合各级法院近几年案件审判量及其发展趋势，可以通过提级、加薪等方式激励上级法院法官“下放”至基层法院，实现上级法院法官资源向基层法院特别是农村地区基层法院的适度分流。

其次，通过挂职锻炼、网络服务、基层巡讲等形式，让基层审判一线分享上级法院优质法官资源。具体方式包括：一是将中级以上法院中具有培养前途的年轻法官分期分批选派到审判任务较重的基层法院挂职担任副院长、庭长或副庭长等，并规定一定的挂职年限（如1—2年），对于挂职期满后希望继续留任的法官，应当给予考虑。二是通过网络平台建立高级法官论坛，以网络互动的形式，搭建上级优秀法官与基层一线法官交流互动的平台，让基层一线法官可以共享上级法院优秀法官的司法智慧。三是定期选派或邀请大法官到基层法院巡讲，开阔基层法院法官的视野，促进他们业务素质的提升。

最后，建立中级以上法院法官晋级前到基层法院锻炼制度。法官晋级是法官综合素质提升的结果，标志着法官资源的优化升级。为了让基层法院或审判一线也能够分享这一优质的法官资源，同时也为了缓解基层法院“案多人少”的压力，可以建立中级以上法院法官晋级前必须到基层法院锻炼的强制性法官配置制度，规定凡符合晋级条件的法官，晋级前必须先到审判任务较重、法官资源相对短缺的基层法院，进行一定期限（可以根据法官晋升的等级，规定3—12个月）的锻炼。同时还规定，没有经过基层法院锻炼的法官不得晋升职务，这样既锻炼了上级法院法官，也循环式的补充了基层法院法官资源。

（三）建立法官资源配置的区域协调制度

不论是省级高级法院，还是中级法院和基层法院，经济发达地区的法官资源结构从数量到质量，整体上都优于欠发达地区。从国家区域协调发展战略的高度，应当建立法官资源配置的区域协调制度，具体可以由最高人民法院牵头，通过经济发达地区与欠发达地区司法区域协作，开展以法官交流任职为主题的司法“帮扶”活动。除了不同区域的中级法院、高级法院互派法官挂职、考察交流之外，最重要的是实行两类地区基层法院法官资源的交流共享。具体而言，在全国范围内，可以由最高人民法院组织协调，实行东西部地区之间或发达地区与欠发达地区之间的区域司法协作，将经济落后地区的基层法院法官在不改变人事关系的前提下，轮流配置到经济发达地区的基层法院，学习这些基层法院先进的审判技能。同时，还可以将经济发达地区的优秀法官在给予物质和精神奖励的条件下，选派到经济落后地区的基层法院挂职，[①] 将先进的司法经验或技术带到相对落后地区。

（四）建立基层法院法官工资中央供给制、高薪制等法官资源配置的辅助机制

从纵向看，基层法院工作环境普遍不如中级以上法院，而且它们还承担着主要的审判任务，加之司法经费由地方供给、法官级别普遍较低、“案多人少”等因素，法官待遇、生活质量、事业前景等不及中级以上法院的法官。从横向看，农村地区基层法院的工作环境、法官物质待遇和发展空间等明显不如城市基层法院。在年轻法官看不到希望，缺乏奋发进取动力的情况下，一些有知识、有理想、有抱负的优秀法律人才一般不会选择进基层法院，更不倾向到农村基层法院。这是欠发达地区基层法院法官队伍难以稳定与可持续发展的重要原因。为此，在完善法官配置制度的同时，还应当建立相应的辅助机制。首先，可以比照农村地区九年义务教育教师工资由中央财政转移

① 胡志斌：《合理配置基层法院法官资源的探讨》，载《海南大学学报》（人文社会科学版）2010 年第 4 期。

支付的做法，将基层法院至少农村地区基层法院法官的工资统一纳入中央财政预算，确保及时、足额拨付。其次，基层法院法官工资实行高薪制度。即同等工龄、学历等条件下，法官的工资级别应按照高于普通公务员来核定。最后，为体现职业贡献、职业压力和职业回报相一致的职业规律，在核定法官薪水时，可考虑规定同等条件下，城市基层法院法官高于中级以上法院法官10%，农村地区基层法院法官高于中级以上法院法官15%，以此稳定基层法院特别是欠发达地区基层法院的法官队伍。

（五）建立法官资源均衡分享的保障性制度

法官资源公平合理配置从理论上解决了公众平等分享法官资源的可能性。但是从现实的角度，法官资源实际享用要受到当事人能力的限制，包括当事人接触司法资源空间上的距离、经济上的条件、诉讼上的技能、社会上的资源等诸多因素的影响。为此，在法官资源配置无法实现理想化公平配置的情况下，还应当建立法官资源均衡分享的保障性制度。具体包括：第一，完善法律援助制度。依据《法律援助法》，通过扩大法律援助对象、拓宽法律援助渠道、开辟法律援助便捷通道等方式，为难以通过司法救济方式维权的当事人弥补其分享司法或法官资源能力的不足，以彰显社会正义，防范法官资源配置结果公正的过分失衡。第二，根据当事人住所地与审判法院司法辖区的关系，确定不同的诉讼收费标准。当事人在其住所地发生纠纷时，因住所地没有司法机关，而“不得已”异地诉讼的，应当根据当事人的经济状况，实行诉讼费用的减轻或免除收取。例如，因纠纷当事人住所地没有基层法庭，而不得不到其他乡镇所在地的法庭进行诉讼的；上诉法院不在当事人住所地的等，这些情形中的当事人分享法官资源时，显然要付出“多余”的诉讼成本。基于分配正义理论的要求，应当对异地诉讼维权的当事人给予特殊的补偿或照顾，以体现分享法官资源机会和成本上的公平。

第五节　律师到法官职业转换的域外实践与启示[①]

法律职业共同体主要是指从事立法、执法、司法、法律服务等职业人员。[②]法律职业共同体是否健全是衡量一个国家法治水平的重要标准。[③]考究域外律师到法官职业转换的实践，对于构建中国特色的法律职业共同体制度具有一定的借鉴意义。

一、律师到法官职业转换的域外实践：以美国、英国、德国、法国、日本为样本

（一）美国

在美国，法官职业一方面有赖于律师职业开发并提供法官资源，另一方面法官职业又为优秀律师的法律职业转换提供了机会和平台。在律师到法官职业转换的实践中，可以转行至法官岗位的律师绝大多数来自诉讼律师，少数在律师事务所担任非诉讼律师，或在企业或私人协会等组织担任法律顾问。除此之外，还有极少数的法官是从大学法学院系中具有教授职务的教学研究人员转任的，任职的共同条件之一是转任者要具有律师资格并有一定的执业经历。[④]除了律师职业资格和执业经历条件，联邦法院选任法官还有较

---

① 胡志斌：《律师到法官职业转换的域外实践与启示》，载《安徽农业大学学报（社会科学版）》2020 年第 6 期。

② 刘作翔：《法律职业共同体的范围、差异及其解决》，载《人民法院报》2017 年 2 月 17 日。

③ 谭世贵、曾宇兴：《我国法律职业共同体建设的实践、问题与对策》，载《海南大学学报》（人文社会科学版）2020 年第 5 期。

④ 韩苏琳：《美英德法四国司法制度概况》，人民法院出版社 2008 年版，第 51 页。

为严格的组织审查程序，具体由律师组织和司法机关共同把关。由此可见，在美国，法官选任条件和程序决定了法官和律师之间的职业转换不仅是可行的，而且是必须的，因为法官和律师被认为是美国法律职业共同体的两大支柱，① 不论是在工作中，还是在生活中，二者保持着一定的联系，可以说，“美国的制度始终体现了法治主义，这表现为突出律师和法官作用”。②

在美国，律师既是法律职业的起点，也是律师走向法官职业的跳板，“律而优则审”是一些成功律师的更高法律职业取向，通过法官职业平台展现个人的职业魅力和政治才华。在公众看来，与一般国家公职人员相比，法官社会地位更高，备受尊崇，具有法官身份被视为是一项至高的职业荣誉。当然，并非所有律师都有机会转换至法官职业，只有律师中的佼佼者并具有良好社会品行的人方有可能，在律师职业生涯中，很多人视大法官这种职业归宿，为其律师职业的梦想巅峰，因此，美国的法官又被视为“律师法官”。尽管从法官职业渊源上看，法官和律师具有很深的职业关联，但职业角色的分工决定了他们可以有共同的法治信仰，但不能有共同的行为方式，毕竟一个是裁判，另一个是队员，共同遵循两百多年前制定的法律规则，进行闭门辩论类的游戏。③

从法律职业互动、互通的角度看，律师可以做法官，理论上说，法官也可以去做律师。但值得注意的是，实践中相对不多，从律师到法官是美国法律职业互动的基本方向或主要方向，而从法官到律师的反向职业转换的较为少见。

（二）英国

在英国选任法官的历史上，除了早期的治安法院法官可以从社区非律

---

① 欧阳晨雨：《藕断丝连：美国法官与律师》，载《民主与法制》2010 年第 21 期。

② ［美］伯纳德 · 施瓦茨：《美国法律史》，王军等译，法律出版社 2007 年版，第 5 页。

③ 欧阳晨雨：《藕断丝连：美国法官与律师》，载《民主与法制》2010 年第 21 期。

师身份的人员中选任，其他法院的法官与美国选任法官的路径基本相同，具有律师资格并有一定的从业年限是法官任职的前置条件。除此之外，法官选任还有较高的专业素质和职业道德标准的要求，能够从律师转任至法官的，基本上都是律师中的精英。不同层级法院，从律师中选任法官的标准不尽相同，层级越高，标准也越高，具体而言，地方法院法官在任职前，应当要具有七年以上的出庭律师的执业经历；高等法院选任法官对律师的资历、年龄标准有所提高，不仅要有不少于十年的出庭执业经历，而且年龄不得低于五十岁；上诉法院从律师中选任法官的标准进一步拔高，出庭辩护或者代理的执业年限不得少于十五年，年龄不得低于五十岁。如果高等法院从上诉法院的法官中遴选法官，规定遴选对象不得少于两年的审判工作经历。为了从源头上确保法官的法律专业性，英国法律规定律师的准入路径是：接受法学本科教育并获得法学学位→律师公会所属的法学院学习并获得律师学位→实习律师执业律师。[①]

在英国，从律师职业到法官职业转换的实践具有悠久的历史，最早始于高级律师向高等级法官职业的角色转换。在当时，有机会晋升为中央王室法庭法官的也并非高级律师的专利，毕竟他们数量是有限的，虽然多数律师有机会成为法官，只是高级律师可以被直接任命为高等级法院的法官。为了促进律师和法官的职业互动，激发律师对法官职业的认知和职业转换的动力，自15世纪初，英国创设了两所高级律师会所，各级法官和高级律师基本上都申请成为其会员，以此为法律职业互动平台，法官和律师可以进行职业上的交流，但禁止探讨未审结的具体个案。可见，在整个法律职业共同体构建中，高级律师与司法界的关系较其与律师界地位较低的其他成员的关系更为紧密。[②] 长期以来，高级律师会所成为法律公共事务的

---

① 王琦：《国外法官遴选制度的考察与借鉴》，载《法学论坛》2010年第5期。

② 杜金：《高级律师与英格兰法律职业共同体对建构中国法律职业共同体的启示》，载《法治论坛》2018年第4期。

配置原则，即在现有法官资源数量恒定不变的情况下，根据法院年受案量，确定一个全国性或全省性的“案件 / 法官”配置比例，将有限的法官资源均衡配置到各地、各级法院。确立该项原则的目的在于：第一，保证不同司法区域之间在法官资源配置上的均衡。法官资源作为一种人力资源，其配置与物质资源的区别在于，它既容易受到法官个体职业偏好等主观因素的影响，也会受到法院所在地经济水平、社会环境、法治环境等客观因素的影响。如不实行“案量”配置原则，很容易造成有的法院法官资源利用率低，而有些法院则“案多人少”。第二，防止法官资源的闲置浪费或过度利用。法官资源作为一种开发成本较高的人力资源，如果对其进行盲目无序地开发和配置，必然会造成法官资源的浪费。相反，如果不能按需开发并按需分配，则又可能造成基层一线法官重负不堪，影响这些法官资源的可持续利用。

（三）适时平衡原则

一个地区案件量不是一成不变的，而且法官作为一种人力资源，也会因退休、离职、辞职等，表现出一定的变动性。因此，法官资源配置不是一蹴而就之事，为了更好地体现分配正义理论的要求，司法管理者应当根据案件量的变动趋势、法官队伍的稳定性等因素，适时平衡不同层级法院之间、不同地区法院之间、同一法院不同岗位之间的法官配置比例，保持法官配置公正的连续性。适时平衡原则的有效实施，有赖于建立健全司法统计制度和法官资源配置效果评价制度。通过司法统计制度的实施，可以直观地反映出不同层级、不同地区和不同岗位上案件 / 法官的比例状况，从而为合理配置和使用法官等司法资源提供科学依据。[①] 通过法官资源配置效果评价制度的实施，则可以从司法效果上判断法官资源配置的公正性

① 李浩：《司法统计的精细化与审判管理》，载《法律适用》2010 年第 11 期。

聚会场所。[①] 这不仅显示出优秀律师的地位近乎法官，而且也有利于实现律师到法官的职业转换，促进法律职业共同体的形成。

（三）德国

和英美法系国家不同，大陆法系的多数国家法官的选任不以律师身份作为必备条件，一方面在法官任职的程序上，律师实务部门的预备性职业锻炼可以作为法官任职前的有效阶段。在德国，法科学生欲从事法律职业，首先应通过学制五年的大学法科学习，并通过第一次国家司法考试。所有通过首轮考试的法科生需要经过两年的强制性预备培训，预备培训的机构也具有法定性，不可随意设置，除了法院和检察院是法定可以选择的预备培训机构以外，律师事务所的职业培训也可以作为法官任职前的合法路径，并由此形成了两种职业培训的互认和互通。其次律师和法官的职业互通关系还表现在法官遴选制度上。一些州的法官选任由司法部与法官遴选委员会联合任命。被遴选者可以是律师，考虑到这一点，法官遴选委员会由议会议员、司法部官员和律师组成。尽管如此，律师在法官的来源上所处重要性还是有限的。

在宪法法院，按照联邦宪法法院的一项调查，宪法法院法官在其当选之前从事最后一类职业的包括：法官（41%）；公职人员（28%）；议员（17%）；法学教授（11%）；律师（1%）。[②] 由此可见，律师到法官的法律职业转换的情形十分有限。在德国，除了律师可以转换至法官职业，检察官、法学教授、政府公职人员、议员等都有可能实现与法官职业的互通。例如，在巴伐利亚州，大部分新任法官开始在检察官办公室工作。不过，也有人认为担任检察官时间过长，他们对刑事程序中的被告容易存有偏见，并批

---

① ［英］波雷斯特：《欧美早期的律师界》，中国政法大学出版社 1992 年版，第 11 页。

② D. Kommers, Judicial Politics in West Germany: A Study of the Federal Constitutional Court2016（53）: 145-149.

评指出巴伐利亚州的法官非常专断。巴伐利亚州通常依靠轮换岗位的方式将司法官员轮流分配到法官、检察官、律师等职位工作，他们在每一职位工作 1—3 年。[①]

（四）法国

在法国，担任法官、检察官没有律师身份和职业经历的强制性要求。从传统法律文化上看，英美法系注重判例法的法律渊源地位，遴选法官时，强调律师实践经验和实务能力的积淀，律师职业的经历和资历自然成为法官职业准入的重要门槛。大陆法系则有所不同，成文法是其最基本的的法律渊源，法治思维偏重演绎思维和逻辑推理，文本法律优于经验法则，职业法官的选择倾向于法科学生。[②] 另外，与英美法系国家司法制度不同，法国的法科生如果将法律职业作为其未来职业定位，未必先行选择律师职业，他们根据自己的兴趣和特长，既可以一步到位地选择法官职业，也可以选择律师等其他法律职业。

如果先行选择律师职业，可以在符合法定条件的前提下，从律师转换至法官职业。除了全职转换至法官职业之外，法国还存在一种律师半转行至法官的特色制度，从 21 世纪之初，法国通过配置社区法官的方式，将优质律师资源引入法官职业岗位。例如，按照法国 2002 年颁布的第 2002—1138 号法律文件，增设社区法官一职，社区法官主要从非诉讼律师中选任，协助初审法官审理社区民事案件等；2003 年，新颁布的 2003—153 号组织法，对社区法官的选任标准予以拔高，一方面要求社区法官只能从资深律师中遴选，另一方面该法律赋予了社区法官一定的独立审判权，案件主要限于由初审法官审理的部分民事案件和刑事案件，如标的额不超过 1500

① 韩苏琳：《美英德法四国司法制度概况》，人民法院出版社 2008 年版，第 365 页。
② 孙万胜：《启迪与借鉴：从法国司法制度看中国司法改革》，载《法律适用》2013 年第 4 期。

欧元的民事纠纷案件以及轻罪案件，在审判程序上只能选择初审程序。从律师中遴选的社区法官并非体制内法官，他们具有兼职性质，工作时间一般每周不超过两个工作日。[①] 其职业身份介于陪审官和法官之间，这种司法制度设立的目的是为了缓解法院案多人少的压力。

（五）日本

在日本，法律职业被称之为法曹职业。一般认为，法曹职业是由法官、律师和检察官三类法律职业成员构成的职业共同体，“法曹三者”称谓由此得名。虽然日本传统上隶属于大陆法系，但与德国、法国的法律职业制度比较，不仅遴选法官的标准更高，而且初任者需要经过竞争激烈的司法考试和法官选拔考试，两轮考试的合格者还需要进行一年左右的岗前研修，研修考核合格者方可从事法官、律师和检察官职业。“二战”以后，受英美法系国家的影响，日本非常注重法官的实践经验，开始从具有一定资历的律师、法学教授中遴选法官。

在法律职业转换上，与英美法系或者大陆法系的部分国家从律师到法官的较为单一的转换模式不同，日本的法官职业转入模式具有多样性。日本《法院法》对各级法院法官遴选标准从年龄、资历等方面作出了分类规定，按照年龄标准，仅最高法院选任法官有所规定，即不得低于四十周岁。按照资历标准，法律规定最高法院的法官必须要有高等法院十年以上的审判工作经历，或者具有简易法院法官二十年审判经历或者其他法律职业（如法学副教授、教授或者律师、检察官等）二十年的经历。高等法院的法官同样要有十年以上的相关法律工作经历，选任范围包括律师、简易法院法官以及基层检察官、司法辅助人员以及高校法学教师中具有高级职称的人员等。简易法院法官任职前应当有三年以上法律工作经历，同时要

① 刘新魁、陈海光：《法国司法制度的特色与发展》，载《法律适用》2004 年第 7 期。

取得法律职业资格[①]

在日本，律师可以转换至法官职业的实践始于20世纪80年代末期，但入职程序较为烦琐，法科学生通过法律职业资格考试后，需要进行司法研修并经过考核合格获得律师从业资格，获得律师资格后需经过达到一年执业年限，才有机会进入法院任职法官，如上文所述，法院层级越高，任职年限和年龄门槛也越高，正因为如此，律师转换至法官职业的情况并不多见，如同有的学者所描述的，“英美法系国家的法律职业流动性很大，而大陆法系国家法律职业的流动性极小”。[②]根本原因还在于两大法系司法制度的差异。[③]

二、域外律师到法官职业转换的缘由解读

（一）法律文化传承的结果

不同法系或者国家，都有自己的法律文化传统，将律师作为遴选法官唯一后备军，这是英美法系国家的司法文化传统。早在8世纪，英国便在政治、经济和文化较为集中的伦敦地区成立了王座法院，王座法院奉行独立审判，区位优势和独立审判的特色吸引了众多法律服务者（律师前身，当时并没有严格的律师准入制度）进入伦敦地区，开辟法律服务业务，他们在为当事人提供法律帮助的同时，和王座法院的法官有机会进行法律职业上的互动交流，并建立了良好的职业关系，这也为法律服务者转行至法官奠定了基础。13世纪早期，从律师中遴选法官在英国正式实施。[④]随着

① 冷罗生：《日本现代审判制度》，中国政法大学出版社2013年版，第254页。

② 沈宗灵：《比较法研究》，北京大学出版社2018年版，第162—275页。

③ 胡志斌：《律师到法官职业转换的域外实践与启示》，载《安徽农业大学学报（社会科学版）》2020年第6期。

④ ［德］茨威格特·克茨：《比较法总论》，潘汉典译，贵州人民出版社2003年版，第350页。

律师和法官队伍的日趋壮大和职业互动加深，14世纪，他们自发成立了社交组织“法学会”，并被视为法官的摇篮。[①]在法学会里，律师和法官都同等接受师傅的培训，并在法庭上得到同样的熏陶和训练，彼此间的同根同源和互信互赖，为现代法律职业互通和职业转换，特别是从律师中遴选法官奠定了历史基础。为了保证法官的素质，从律师中遴选法官的做法逐步完善并不断地传承下来。

英国历史上虽然进行过多次的司法改革，但从律师中选拔法官的传统一直被保留下来。随着英国历史上的殖民侵入，其司法文化传统也随之对外传播，美国从律师中选拔法官的实践源于英国的经验，美国独立后，虽然其在很多法律和司法文化上与英国分道扬镳，但从律师中遴选法官的做法并未实质性变革，遴选法官的底线条件都注重律师受过良好的法律专业教育，并有一定的法律职业技能，法官的这种准入门槛只有律师才能够跨越。英美法系国家这种法律职业转换方式也符合了它们司法判例的传统。正如德国社会学家韦伯所说：“普通法从个别到个别的模式，即从个别案件中抽象出规则，然后适用到一般的案件中，此种方式与律师控制并垄断法律职业，法官从律师中选拔具有密切的关系，这也保证了普通法具有极强的针对性和实用性的特点。”[②]

（二）构建法律职业共同体的内在需要

法治是治国理政的基本方式，既需要不同组织的分工，也需要不同主体的合力，分工、合力的逻辑起点使这些有分有合的主体有着共同的法律信仰。当然，这种逻辑起点又是建立在相同法律教育背景和执业准入基础上的。即便国情背景和司法文化有差异，但人们对法律的公正信仰是不谋

---

① 冷罗生：《日本现代审判制度》，中国政法大学出版社2013年版，第254页。

② Max Weber, Wirtschaft und Gesellschaft 14thed, 1956.457.

而合的，不论是法律服务者的律师，还是执掌裁判权力的法官，其对法律的理解和适用必然需要作出一致或者趋同的回应，而不是异样的判断，换言之，作为法律职业人，不论其身处法律职业链中的哪个环节，不论其具体法律职责有何不同，其法律行为就是追求公正化的结果。相同岗位，不同的法律人更应当具有相同或者相似的公正判断。而这种法律适用上的异曲同工，内在地要求不同的法律人要建立起法律职业共同体，形成互动，而非相互排异或彼此绝缘。

正是基于法律职业共同体构建的需求，英国早在15世纪就成立了以法官和律师为主体的法律职业联盟组织，不论在广度，还是深度，都促使了法律职业共同体的构建，律师、法官几乎实现了对法律市场的垄断。[①] 对此，有的学者直言："成功的出庭律师与皇家法官（他们先前都是出庭律师）一起构成了一个亲密融洽的、同质化的小共同体。"[②] 为了促进律师和法官在法律职业共同体中的深度互动或职业转换，作为职业共同体建立最早的英国，还在法律职业的"起点站"法学教育中加强法律职业的基础性建设，将大学法律教育纳入法律共同体的体系中，并赋予其培养律师的重要职能，法律教育、律师和法官三者之间的职业逻辑关系被界定为：首先，法律从业人员接受法律教育并获得法学学位；其次，通过法律职业资格考试后进入律师学院进行职业训练；最后，从律师中择优遴选法官。[③] 法官、律师等法律职业者同出法学院系，而且参加相同的职业准入考试或参加类似的从业前的职业研修等，这些法律职业准入实践体现了这些国家对法律职业共同体构建的积极追求。

① ［德］马克斯·韦伯：《经济与社会》（下卷），林荣远译，商务印书馆1997年版，第119页。
② ［美］波斯纳：《超越法律》，中国政法大学出版社2001年版，第55页。
③ ［德］茨威格特·克茨：《比较法总论》，潘汉典译，贵州人民出版社2003年版，第287页。

（三）以法官为核心的职业转换是域外尊崇法官的必然体现

法官在法治社会中处于至关重要的法律职业地位，正如美国法学家德沃金所言："法院是法律帝国的首都，法官是帝国的王侯。"①美国法学家梅利曼也有类似的表达："在我们看来，法官是有修养的伟人，普通法系最初创建、形成和发展，正是出自他们的贡献。"②经过几个世纪的制度沉积和不断完善，部分国家还建立起了法官高薪制、终身制、高额退休金制、严格的弹劾制等，这些制度旨在保障法官职务、地位和荣誉，由此形成了域外法律职业共同体中以法官职业为核心的职业转换常态。③

三、域外律师到法官职业转换的启示

（一）律师到法官职业转换是实现法律职业共同体的重要路径

尽管法律职业共同体中不同成员具有共同的法律信仰，但职业分工容易让他们"各取所需""各自为政"。法官考虑的是裁判的公正性和法律的权威性；律师则以当事人为"上帝"，把维护当事人的利益作为天职。如果要将法官和律师这两种不同法律职业者的法治精神凝聚在一起，使其真正形成共同的法律信仰，共守相同的法律规则，追求同样的公正价值，唯有通过法律职业互动，才能够消除彼此间的职业偏见、认识误区和技能差距。在角色分工的基础上，齐心协力地促进法治的文明和社会的进步。从域外法律职业互动的实践来看，英美法系国家强调从律师中选拔法官，律师到法官是法律职业互动的主渠道，大陆法系国家比较看好上下级法官的职业

---

① Ronald Dworkin，Law's Empire，1986.407.

② ［美］梅利曼：《大陆法系》（中译本），顾培东、禄正平译，知识出版社 1984 年版，第 37 页。

③ 胡志斌：《律师到法官职业转换的域外实践与启示》，载《安徽农业大学学报（社会科学版）》2020 年第 6 期。

互动以及从法学教授中遴选法官。其共同的价值取向是通过法律职业互动，实现其殊途同归的目标——法律职业共同体。

基于这种认识，我们认为，应当将法律职业互动作为我国司法制度深化改革的重点方向。通过成立法律职业互动的管理和协调组织，建立一系列促进不同法律职业互动的制度，使法律职业互动有广度、有深度。从国外的经验来看，法律职业互动基本上集中在律师等职业者向法官职业的转换，反向转换则明显不够。我们应构建中国特色的全方位的法律职业互动机制。不仅要建立法官和律师、法官和检察官、律师和检察官等法律实务部门之间职业互动制度，也要建立法学教育和法律实务的互动制度。特别是在我国目前法学教育和法律职业脱节较为突出的情况下，更应当强化高校法学教师和法官等职业互动的理论研究和实践探索，通过高校法学教师与法官等职业互动的管理协调机构、职业互动的运行机制以及相关配套制度的建立，促进法学理论和法治实践互济、互通。[①]

2013 年至 2017 年，我国曾实施了高校法学教师和法官、检察官职业互动的“双千计划”，但这种法律职业互动还有待持续进行，同时需要对原来的相关规定予以完善，第一，将律师纳入职业互动主体；第二，适当降低参与职业互动的法学教师职称门槛，如将原来规定的副教授降为讲师；第三，在原有的“挂职”做法基础上，增加“任职”情形，等等。

（二）法律职业准入标准的专业化、同质化是律师到法官职业转换的基础

不同的法律职业者之所以能够开展职业互动，其基础或条件是他们有着共同的法律教育背景、法律信仰和法律知识。如前文所述，域外不同国

① 谭世贵、胡志斌：《高校法学教师与法官职业互通的研究》，载《安徽农业大学学报》（社会科学版）2011 年第 2 期。

家的法律职业互动的共同基础就是律师、法官、检察官和法学教授等职业者都受过系统的法学教育，并且通过同一或同类的职业准入考试，这为他们开展职业对话、合作和互通奠定的知识和技能基础。为了提高法律职业共同体的水准，一些国家还规定了较高的职业经历和专业教育背景，以美国为例，不论是联邦法院还是州法院，上级法院除了可以从下级法院遴选法官以外，规定法官人选只能源于优秀律师和法学教授，而且这些人还应当有过法律职业博士的学习经历[①]，以保证法官具有较高的职业素质。

按照我国 2019 年修改的《法官法》规定，可以在律师以及法学教学研究人员中选任法官，这是我国法官选任制度的一大进步，很显然，立法之所以作出这项新规定，国家统一法律职业资格考试（简称“法考”）是这项规定的基本依据，法考为律师转换至法官职业提供了专业化和同质化的基础和保障。借鉴国外经验，可以进一步改革我国从律师和法学教师中选任法官的标准。例如，将目前的 5 年法律职业经验提高至 8—10 年；将选任对象的律师提高至优秀律师（以受到市级以上主管部门表彰为标准），将中级职称的法学教师提高至副教授、教授职称的教师，以确保遴选对象的更高水准，逐步实行法官队伍的新陈代谢。

（三）平衡法官与律师职业收入，缓解律师到法官动力不足的窘境

法官和律师是法律职业共同体的核心成员，要实现共同体，法律职业的物质保障不应回避，鉴于我国法官和律师职业收入的较大差异性，激励律师转换至法官职业，几乎不太现实。以相同或相近的职业回报促进职业共同体的实现。鉴于目前律师收费标准规定[②]的不足，可以从以下几个方面加以调整和完善。

---

① 陈健群：《专题考察报告之一：美国的法律制度和法律职业》，载《法学家》2009 年第 1 期。

② 《律师服务收费管理办法》第 8 条规定，政府制定的律师服务收费应当充分考虑当地经济发展水平、社会承受能力和律师业的长远发展。

1. 在律师服务定价依据中增加“参考法官等法律职业群体人均收入状况”的内容

法律职业共同体中不同法律职业群体都是国家法治建设不可或缺的重要力量。各地在确定并适时调整律师服务的政府定价时，应当核算出本地区法官等其他法律职业群体的人均收入，并将其作为律师群体在政府定价范围内的人均收入的“参照物”。在此基础上，结合本地区经济发展水平、案件量、服务成本、律师资源多寡、律师事务所管理费、个人所得税等定价依据或因素，确定各类案件以及每个环节的收费标准。诚然，律师还有非政府定价部分的服务收入，如果加上该部分收入，律师群体的人均收入肯定会高于法官等其他法律职业群体。对此，国家可以通过为法官等其他法律职业者发放特殊津贴等方式予以收入平衡。

2. 明确“社会承受能力”依据的内涵，制定城乡有别的律师服务定价标准

城乡经济水平不均衡是我国由来已久的社会和经济发展问题。虽然我国统筹城乡发展战略目标的提出和实施已有 10 多年，但我国最大的发展差距仍然是城乡差距，农村社会保障和服务水平与城镇仍有很大差距。为此，一方面应将现行的“社会承受能力”定价依据改为“社会经济承受能力”，使之内涵明确化；另一方面在以此为依据的政府定价中，应当制定城乡有别的收费标准，即参考当地政府公布的近几年城镇居民人均年收入和农村居民人均年收入状况，并结合其他定价依据，确定一个“合理性差别”的收费标准，规定凡涉案当事人为农村居民的，执行农村收费标准，涉案当事人是城镇居民的，执行城镇标准。尽管这种因人而异的定价标准似有制度不公平的表征，但随着我国城市化进程的加快，这种城乡有别的律师服务收费标准最终会随着城乡经济发展水平的趋同而统一化。

3. 将“律师业的长远发展”依据更改为“律师资源的供求关系”

“律师业的长远发展”依据虽有保护律师业发展的积极价值。但鉴于我国律师业同时还具有市场化发展的体征，将现行的“律师业的长远发展”依据更改为“律师资源的供求关系”更为适宜。按照价格规律，如果诉讼案件多，律师资源供不应求，政府则应适当调高律师服务价格，以激励律师业的发展；如果诉讼案件少，律师资源供过于求，政府则应适当下调律师服务的收费标准，以此疏导律师资源的理性分流，否则，会造成律师业的盲目发展。因此，“律师资源的供求关系”依据不仅能蕴含政府对律师业市场发展规律尊重的要义，而且将律师的部分服务项目纳入政府价格管理的范畴，其本身就已含摄国家对“律师业的长远发展”之保护，无须担忧律师资源需求的波动会阻碍律师业的发展。另外，这种带有市场引导和政府指导双重价值诉求的定价依据还有利于促进律师业的有序竞争和优化升级，既有益于律师业的长远发展，也有益于公众获得更优质的法律服务。[①]

---

① 胡志斌：《律师到法官职业转换的域外实践与启示》，载《安徽农业大学学报（社会科学版）》2020 年第 6 期。

参考文献

一、著作类

1. 徐显明：《人权研究》，山东人民出版社 2010 年版。

2. 宋英辉：《刑事诉讼原理导读》，法律出版社 2003 年版。

3. 陈瑞华：《刑事审判原理论》，法律出版社 2020 年版。

4. 王利明：《司法改革研究》（修订本），法律出版社 2001 年版。

5. 张文显：《法理学》，法律出版社 2018 年版。

6. 葛洪义：《法理学》，中国政法大学出版社 2017 年版。

7. 张子培：《刑事诉讼法学》，群众出版社 1986 年版。

8. 胡锡庆：《刑事诉讼法教程》，中国政法大学出版社 1993 年版。

9. 陈光中、徐静树：《刑事诉讼法学》，中国政法大学出版社 2001 年版。

10. 樊崇义：《刑事诉讼法学》，中国政法大学出版社 1999 年版。

11. 樊崇义、周士敏、刘根菊：《刑事诉讼法学》，中国政法大学出版社 2000 年版。

12. 许江：《刑事诉讼法学》，南京大学出版社 2002 年版。

13. 张旭：《刑事诉讼法》，中国人民大学出版社 2003 年版。

14. 龙宗智、杨建广：《刑事诉讼法》，高等教育出版社 2003 年版。

15. 沈宗灵：《法理学》，北京大学出版社 2000 年版。

16. 谭世贵:《中国司法制度》,法律出版社 2016 年版。

17. 陈光中:《刑事诉讼法》,中国政法大学出版社 2021 年版。

18. 王敏远:《刑事诉讼法学》(上册),知识产权出版社 2013 年版。

19. 陈瑞华:《程序性制裁理论》(第二版),中国法制出版社 2010 年版。

20. 宋英辉:《刑事诉讼原理》,法律出版社 2007 年版。

21. 陈光中:《刑事诉讼法》,高等教育出版社 2012 年版。

22. 葛洪义:《法理学》,中国人民大学出版社 2015 年版。

23. 陈光中、沈国峰:《中国古代司法制度》,群众出版社 1984 年版。

24. 王以真:《外国刑事诉讼法学》,北京大学出版社 2004 年版。

25. 谭世贵:《刑事诉讼法学》,法律出版社 2016 年版。

26. 陈光中等:《诉讼理论与实践:司法理念与三大诉讼法修改》,北京大学出版社 2006 年版。

27. 顾培东:《社会冲突与诉讼机制》,四川人民出版社 1991 年版。

28. 林钰雄:《刑事诉讼法》,中国人民大学出版社 2005 年版。

29. 龙宗智:《相对合理性》,中国政法大学出版社 1999 年版。

30. 陈瑞华:《刑事诉讼的前沿问题》,中国人民大学出版社 2000 年版。

31. 陈兴良:《法制的界面》,法律出版社 2003 年版。

32. 杨春洗、高铭暄、余叔通编:《刑事法学大辞典》,南京大学出版社 1990 年版。

33. 宋英辉、吴宏耀:《审判前程序研究》,中国政法大学出版社 2002 年版。

34. 韩旭:《检察官客观义务论》,法律出版社 2013 年版。

35. 谭世贵:《司法改革的理论探索》,法律出版社 2003 年版。

36. 宋英辉:《刑事诉讼原理导读》,法律出版社 2002 年版。

37. 孙国华:《法学基础理论》,中国人民大学出版社 1997 年版。

38. 王德新:《诉讼文化冲突与民事诉讼制度的变革》,知识产权出版社 2017 年版。

39. 陈光中、沈国峰:《中国古代司法制度》，群众出版社 1984 年版。

40. 吴卫军:《刑事司法的理念与制度》，中国检察出版社 2004 年版。

41. 何勤华:《外国法制史》，法律出版社 1997 年版。

42. 由嵘:《外国法制史》，北京大学出版社 2003 年版。

43. 张中秋:《中西法律文化比较研究》，南京大学出版社 1999 年版。

44. 陈寅恪:《隋唐制度渊源略论》，上海古籍出版社 1982 年版。

45. 张中秋:《中西法律文化比较研究》，南京大学出版社 1999 年版。

46. 刘作翔:《法律文化理论》，商务印书馆 1999 年版。

47. 谭世贵等:《中国法官制度研究》，法律出版社 2009 年版。

48. 中国应用法学研究所:《美国法官制度与法院组织标准》，人民法院出版社 2008 年版。

49. 怀效锋:《司法惩戒与保障》，法律出版社 2006 年版。

50. 谭世贵:《中国司法改革理论与制度创新》，法律出版社 2003 年版。

51. 莫远航:《人民法院管理理论与实务》，人民法院出版社 2007 年版。

52. 关培兰:《组织行为学》，中国人民大学出版社 2003 年版。

53. 吴琼恩:《公共人力资源管理》，北京大学出版社 2006 年版。

54. 谭世贵:《中国司法改革研究》，法律出版社 2000 年版。

55. 周道鸾:《法官法讲义》，人民法院出版社 1995 年版。

56. 陈文兴:《法官职业与司法改革》，中国人民大学出版社 2004 年版。

57. 韩苏琳:《美英德法四国司法制度概况》，人民法院出版社 2008 年版。

58. 冷罗生:《日本现代审判制度》，中国政法大学出版社 2013 年版。

59. 沈宗灵:《比较法研究》，北京大学出版社 2018 年版。

60. 余叔通、谢朝华:《法国刑事诉讼法典》，中国政法大学出版社 1997 年版。

61.《日本国宪法》，载《中外宪法选编》，人民出版社 1982 年版。

62. 黄风：《意大利刑事诉讼法典》，中国政法大学出版社 1994 年版。

63. [英] 彼得·斯坦、约翰·香德：《西方社会的法律价值》，王献平译，中国人民大学出版社 1990 年版。

64. [美] 庞德：《通过法律的社会控制——法律的任务》，商务印书馆 1984 年版。

65. [美] 罗尔斯：《正义论》，中国社会科学出版社 2016 年版。

66. [美] 博登海默：《法理学、法哲学及其方法》，华夏出版社 1987 年版。

67. [法] 罗伯斯庇尔：《革命法制与审判》，商务印书馆 1996 年版。

68. [美] 波斯纳著：《法律的经济分析》(上)，蒋兆康、林逸夫译，中国大百科全书出版社 1997 年版。

69. [德] 汉斯·海因里希·耶赛克、托马斯·魏根特：《德国刑法教科书》(上)，徐久生译，中国法制出版社 2017 年版。

70. [德] 康德：《康德文集》，刘克苏等译，改革出版社 1997 年版。

71. [意] 贝卡利亚：《论犯罪与刑罚》，黄风译，中国大百科全书出版社 2008 年版。

72. [斯洛文尼亚] 卜思天·儒潘基奇：《刑法——刑罚理念批判》，中国政法大学出版社 2002 年版。

73. [德] 拉德布鲁赫：《法学导论》，米健、朱林译，中国大百科全书出版社 1997 年版。

74. [德] 赫尔曼：《德国刑事诉讼法典》，李昌珂译，中国政法大学出版社 1995 年版。

75. [美] 罗伯特·考特和托马斯·尤伦：《法和经济学》，格致出版社 2012 年版。

76. [法] 孟德斯鸠：《论法的精神》(上)，商务印书馆 1982 年版。

77. [美] 劳伦斯 · M. 弗里德曼:《法律制度—从社会科学角度观察》, 李琼英、林欣译, 中国政法大学出版社 2004 年版。

78. [美] 爱伦 · 豪切斯泰勒 · 斯黛丽、南希 · 弗兰克:《美国刑事诉讼程序》, 陈卫东、徐美君译, 中国人民出版社 2009 年版。

79. [日] 田口守一:《刑事诉讼法》(第七版), 张凌、于秀峰译, 法律出版社 2019 年版。

80. [古罗马] 西塞罗:《法律篇》, 张学仁译, 北京大学出版社 1983 年版。

81. [美] 英格尔斯:《人的现代化》, 殷陆君译, 四川人民出版社 1985 年版。

82. [英] 阿德里安 A.S. 朱克曼:《危机中的民事司法》, 傅郁林等译, 中国政法大学出版社 2005 年版。

83. [美] 伯纳德 · 施瓦茨:《美国法律史》, 王军等译, 法律出版社 2007 年版。

84. [英] 波雷斯特:《欧美早期的律师界》, 中国政法大学出版社 1992 年版。

85. [德] 茨威格特 · 克茨:《比较法总论》, 潘汉典译, 贵州人民出版社 2003 年版。

86. Max Weber, Wirtschaft und Gesellschaft 14thed, 1956.457.

87. [美] 波斯纳:《超越法律》, 中国政法大学出版社 2001 年版。

88. Ronald Dworkin, Law's Empire, 1986.407.

89. [法] 托克维尔:《论美国的民主》, 董果良译, 商务印书馆 2002 年版。

90. [美] 罗 · 庞德:《通过法律的社会控制》, 商务印书馆 1984 年版。

91. John Sprack, Criminal Procedure, Blackstone Press Limited, 1997.

二、论文类

1. 陈瑞华:《论协商性的程序正义》，载《比较法研究》2021 年第 1 期。

2. 吴英姿:《论司法认同：危机与重建》，载《中国法学》2016 年第 3 期。

3. 沈宗灵:《法·正义·利益》，载《中外法学》1993 年第 5 期。

4. 徐雨衡:《法律原则适用的涵摄模式：基础、方法与难题》，载《甘肃社会科学》2020 年第 1 期。

5. 徐阳:《程序法定原则对刑事司法的规范意义》，载《法学》2014 年第 10 期。

6. 易延友:《论无罪推定的涵义与刑事诉讼法的完善》，载《政法论坛》2012 年第 1 期。

7. 李昌林:《刑事程序法治的发展路径》，载《理论探索》2016 年第 1 期。

8. 陈卫东:《刑事诉讼法治四十年：回顾与展望》，载《政法论坛》2019 年第 6 期。

9. 郭华:《我国疑罪从无的理论省察及规则重述》，载《政法论坛》2021 年第 1 期。

10. 游伟、孙万怀:《论刑事诉讼中反对被迫自证有罪的权利》，载《法律科学》1998 年第 3 期。

11. 樊崇义:《沉默权与我国的刑事政策》，载《法学论坛》2001 年第 3 期。

12. 孙长永:《沉默权的是非之争与正当根据》（下），载《现代法学》2001 年第 4 期。

13. 刘静坤:《如何防止无辜者被强迫认罪—兼论不被强迫认罪权的程序要素》，载《政法论坛》2021 年第 3 期。

14. 龙宗智:《进步及其局限——由证据制度调整的观察》，载《政法论坛》2012 年第 5 期。

15. 陈学权:《比较法视野下我国不被强迫自证其罪之解释》,载《比较法研究》2013 年第 5 期。

16. 郭晶:《诉讼不及时的三种模式与双层认定标准》,载《东方法学》2015 年第 1 期。

17. 姚奎彦等:《从分割到集中:庭审中心视角下审判流程的反思与重构》载《法律适用》2015 年第 12 期。

18. 程味秋、周士敏:《论审判公开》,载《中国法学》,1998 年第 3 期。

19. 马怀德:《法治是塑造全球性大国的重要支点》,载《人民论坛》2015 年第 34 期。

20. 魏永征:《从"新闻侵权"到"媒介侵权"》,载《新闻与传播研究》2014 年第 2 期。

21. 王海军:《俄罗斯转型期的检察权运行及其法治意义》,载《华东政法大学学报》2019 年第 5 期。

22. 余少祥:《法律监督:中西范式的进路与分异》,载《国外社会科学》2021 年第 2 期。

23. 谷志军:《谁来监督监督者:监督权问责的逻辑与实现》,载《社会科学战线》2017 年第 1 期。

24. 陈卫东:《认罪认罚从宽制度研究》,载《中国法学》2016 年第 2 期。

25. 熊秋红:《认罪认罚从宽的理论审视与制度完善》,载《法学》2016 年第 10 期。

26. 李建明、许克军:《"以审判为中心"与"认罪认罚从宽"的冲突与协调》,载《江苏社会科学》2021 年第 1 期。

27. 闫召华:《认罪认罚后"反悔"的保障与规制》,载《中国刑事法杂志》2021 年第 4 期。

28. 王静:《认罪认罚从宽制度中的被害人权利保障》,载《华东政法大学学报》2021 年第 4 期。

29. 顾永忠:《以审判为中心背景下的刑事辩护突出问题研究》,载《中国法学》2016 年第 2 期。

30. 顾永忠:《刑事辩护制度改革实证研究》,载《中国刑事法杂志》2019 年第 5 期。

31. 陈瑞华:《刑事辩护制度四十年来的回顾与展望》,载《政法论坛》2019 年第 6 期。

32. 韩旭:《自行辩护问题研究》,载《当代法学》2021 年第 1 期。

33. 陈光中、魏伊慧:《论我国法律援助辩护之完善》,载《浙江工商大学学报》2020 年第 1 期。

34. 杨波:《论认罪认罚案件中值班律师制度的功能定位》,载《浙江工商大学学报》2018 年第 3 期。

35. 姚莉:《认罪认罚程序中值班律师的角色与功能》,载《法商研究》2017 年第 6 期。

36. 吴小军:《我国值班律师制度的功能及其展开—以认罪认罚从宽制度为视角》,载《法律适用》2017 年第 11 期。

37. 侯东亮、李燕飞:《浅谈值班律师的定位与发展》,载《国家检察官学院学报》2018 年第 11 期。

38. 刘根菊、张建:《我国刑事审级制度的重新构建》,载《法学论坛》2005 年第 5 期。

39. 易延友:《我国刑事审级制度的建构与反思》,载《法学研究》2009 年第 3 期。

40. 王超:《西方国家刑事审级制度功能的比较分析》,载《比较法研究》2012 年第 6 期。

41. 于增尊:《论我国古代刑事审限制度及其启示》,载《中国政法大学学报》2015 年第 3 期。

42. 娜鹤雅:《清朝末年的刑事审判程序——以审级制度为视角》,载《中州学刊》2014 年第 4 期。

43. 王超:《西方国家刑事审级制度功能的比较分析》,载《比较法研究》2012 年第 6 期。

44. 卞建林、李艳玲:《认罪认罚从宽制度适用中的若干问题》,载《法治研究》2021 年第 2 期。

45. 陈桂明:《民事诉讼上诉审程序改造论》,载《诉讼法理论与实践》(1996 卷),第 441 页。

46. 陈瑞华:《对两审终审制的反思——从刑事诉讼角度的分析》,载《法学》1999 年第 12 期。

47. 宋远升:《刑事三审制为何建立及如何建立:原理与技术》,载《东岳论丛》2018 年第 8 期。

48. 牟绿叶:《我国刑事上诉制度多元化的建构路径》,载《法学研究》2020 年第 2 期。

49. 丁相顺:《比较法视野下的人民陪审员制度改革》,载《浙江大学学报》(人文社会科学版)2018 年第 3 期。

50. 陈林林:《陪审在现代法治社会中功能》,载《中外法学》2001 年第 4 期。

51. 蒋安:《论我国的陪审制度与司法改革》,载《法学评论》1999 年第 6 期。

52. 何家弘:《陪审制度纵横论》,载《法学家》1999 年第 3 期。

53. 肖建国:《陪审制度的考察与思考》,载《河南省政法管理干部学院学报》2003 年第 1 期。

54. 王志华:《转型时期俄罗斯的陪审制度》,载《环球法律评论》2007 年第 2 期。

55. [日] 田口守一:《日本的陪审制——裁判员制度》,丁相顺译,载

《法律适用》2005 年第 4 期。

56. 施鹏鹏:《人民陪审制度的改革成果及其后续发展》,载《法律适用》2018 年第 16 期。

57. 陈学权:《人民陪审员制度改革中事实审与法律审分离的再思考》,载《法律适用》2018 年第 9 期。

58. 左卫民:《七人陪审合议制的反思与建言》,载《法学杂志》2019 年第 4 期。

59. 吴卫军、冯军:《控辩平衡:刑事诉讼法再修改的重要基点》,载《人民司法》2005 年第 8 期。

60. 姚莉:《司法效率:理论分析与制度构建》,载《法商研究》2006 年第 3 期。

61. 姜伟:《人权保障观念下羁押必要性审查制度的诉讼化构造》,载《政治与法律》2012 年第 10 期

62. 周长军:《语境与困境:侦查程序完善的未竟课题》,载《政法论坛》2012 年第 5 期。

63. 左卫民:《司法化:中国刑事诉讼修改的当下与未来走向》,载《四川大学学报》(哲学社会科学版)2012 年第 1 期。

64. 顾培东:《中国法治的自主型进路》,载《法学研究》2010 年第 1 期。

65. 左卫民:《中国法官任用机制:基于理念的初步评析》,载《现代法学》2010 年第 5 期。

66. 顾培东:《当代中国法治话语体系的构建》,载《法学研究》2012 年第 3 期。

67. 吕萍:《中外侦查模式之比较》,载《公安研究》,1999 年第 3 期。

68. 姚莉,黎晓露:《侦查诉讼化模式再解读及其制度逻辑》,载《法学杂志》2017 年第 7 期。

69. 陈子军:《论刑事侦查模式及其构建路径》,载《求索》2013 年第

9期。

70. 孙青平:《比较视野中的中日侦查模式》,载《前沿》2009年第13期。

71. 刘计划:《法国、德国参与式侦查模式改革及其借鉴》,载《法商研究》2006年第2期。

72. 陈卫东、孟婕:《重新审视律师在场权:一种消极主义面向的可能性——以侦查讯问期间为研究节点》,载《法学论坛》2020年第3期。

73. 卞建林、张可:《侦查权运行规律初探》,载《中国刑事法杂志》2017年第1期。

74. 刘计划:《侦查监督制度的中国模式及其改革》,载《中国法学》2014年第1期。

75. 但伟、姜涛:《侦查监督制度研究——兼论检察引导侦查的基本理论问题》,载《中国法学》2003年第1期。

76. 刘计划:《检警一体化模式再解读》,载《法学研究》2013年第6期。

77. 龙宗智:《评"检警一体化"兼论我国的检蕾关系》,载《法学研究》2000年第2期。

78. 陈兴良:《从"法官之上的法官"到"法官之前的法官"——刑事法治视野中的检察权》,载《中外法学》2000年第6期。

79. 王斗斗:《刑诉法再修改逼近侦查程序改革深水区》,载《法制日报》2007年8月22日。

80. 何家弘:《沉默权制度及刑事司法的价值取向》,载《国家检察官学院学报》2004年第4期。

81. 陈卫东、孟婕:《重新审视律师在场权:一种消极主义面向的可能性——以侦查讯问期间为研究节点》,载《法学论坛》2020年第3期。

82. 熊秋红:《论公诉与自诉的关系》,载《中国刑事法杂志》2021年第1期。

83. 吴宏耀:《我国刑事公诉制度的定位与改革》,载《法商研究》2004

年第 4 期。

84. 童建明:《论不起诉权的合理适用》，载《中国刑事法杂志》2019 年第 4 期。

85. 冯卫国:《论刑事执行权的合理配置》，载《法学论坛》2010 年第 1 期。

86. 宗会霞:《刑罚执行一体化的基本步骤与风险应对》，载《政治与法律》2018 年第 4 期。

87. 陈瑞华:《司法行政机关的职能定位》，载《东方法学》2018 年第 1 期。

88. 马登科:《审执分离运行机制论》，载《现代法学》2019 年第 4 期。

89. 钱六叶:《论中国罚金刑的改革与完善—以探寻罚金刑执行难之解决方案为视角》，载《法学论坛》2006 年第 4 期。

90. 钟朝阳:《论我国未决羁押制度的改革》，载《江西社会科学》2010 年第 1 期。

91. 张文显:《联动司法：诉讼社会境况下的司法模式》，载《法律适用》2011 年第 1 期。

92. 高通:《我国司法行政机关定位的历史变迁与反思》，载《山东大学学报》（哲学社会科学版）2012 年第 2 期。

93. 胡志斌:《转变看守所管理体制的探讨》，载《中国监狱学刊》2008 年第 3 期。

94. 汪建成:《刑事诉讼文化研讨》，载《政法论坛》1999 年第 6 期。

95. 孙记:《诉讼文化的重新界定》，载《内蒙古社会科学》（汉文版）2015 年第 1 期。

96. 王德新:《诉讼文化冲突与中国民事诉讼制度变革七十年》，载《山东大学学报》（哲学社会科学版）2019 年第 2 期。

97. 王增福:《传承创新中华优秀传统文化需正确处理六大关系》，载

《山东师范大学学报》（人文社会科学版）2018年第3期。

98. 黄风：《学说汇编》，载《政法论坛》，1990年第3期。

99. 张中秋：《中国封建社会奸罪述论》，载《南京大学学报》1987年第3期。

100. 李祖军：《刑事诉讼与传统文化的价值取向》，载《现代法学》1993年第5期。

101. 尤陈俊：《中题西影：反思中国传统诉讼文化研究的思维框架及其概念使用》，载《现代法学》2019年第1期。

102. 康树元、颜小燕：《论诉讼文化的价值纬度及其法学观照》，载《求索》2012年第8期。

103. 尤陈俊：《儒家道德观对传统中国诉讼文化的影响》，载《法学》2018年第3期。

104. 孙记：《我国刑事诉讼文化转型研究》，载《西南民族大学学报》（人文社会科学版）2019年第3期。

105. 李麒：《刑事诉讼文化的当代变迁》，载《北方法学》2017年第5期。

106. 艾佳慧：《刑事诉讼的制度变迁与理论发展》，载《法律科学》2011年第5期。

107. "人民法院文化建设研究"课题组：《法院文化建设的司法取向及其实现》，载《中国法学》2014年第6期。

108. 陈英波：《法院文化建设要在"群众性"上下功夫》，载《人民法院报》2012年7月25日。

109. 陈光中、肖沛权：《关于司法权威问题之探讨》，载《政法论坛》2011年第1期。

110. 葛宁、黄忠伟：《基于多学科视角下的网络监督机制研究》，载《中国青年政治学院学报》2013年第2期。

111. 刘宪权：《克减冤假错案应当遵循的三个原则》，载《法学》2013

年第 5 期。

112. 邹易材:《刑事错案概念的研析》,载《贵州师范学学院》2013 年第 2 期。

113. 陶珂宝:《日本和法国的法官惩戒制度简介》,载《法律适用》2003 年第 9 期。

114. 卞建林:《媒体监督与司法公正》,载《政法论坛》2000 年第 6 期。

115. 谭世贵:《试论法官的独立司法人格》,载《海南大学学报》(人文社会科学版)2003 年第 4 期。

116. 崔利娜:《法官职业保障制度研究》,山东大学硕士学位论文,2009 年。

117. 胡志斌、徐和平:《社会主义新农村司法建设面临的困境与出路》,载《理论导刊》2008 年第 4 期。

118. 蔡定剑:《论法律支配权力》,载《中外法学》1998 年第 2 期。

119. 张卫平:《体制、观念与司法改革》,载《中国法学》2003 年第 1 期。

120. 胡志斌:《司法权威视阈下法官管理机制的探讨》,载《金陵科技学院学报》(社会科学版)2008 年第 2 期。

121. 姚莉、冯喜恒:《犯罪控制模式下的法官决策》,载《法学论坛》2010 年第 1 期。

122. 谭世贵、翁凌峰:《科层制司法管理的问题与出路》,载《云南大学学报》(法学版)2005 年第 4 期。

123. 刘会生:《人民法院管理体制改革的几点思考》,载《法学研究》2002 年第 3 期。

124. 马进保:《我国建立法官检察官惩戒机制的可行性研究》,载《法律科学》1998 年第 4 期。

125. 苏力:《审判管理与社会管理—法院如何有效回应“案多人少”》,载《中国法学》2010 年第 6 期。

126. 范愉:《司法资源供求失衡的悖论与对策》, 载《法律适用》2011年第3期。

127. 李浩:《司法统计的精细化与审判管理》, 载《法律适用》2010年第11期。

128. 谭世贵:《我国农村司法制度的初步研究》, 载《法学杂志》2009年第10期; 谭世贵:《实现我国农村司法现代化的路经探索》, 载《安徽农业大学学报》(社会科学版) 2012年第3期。

129. 山东省高级人民法院研究室:《山东法院审判力量配置与法官负荷情况分析》, 载《人民司法》2010年第19期。

130. 顾培东:《中国法治进程中的法律资源分享问题》, 载《中国法学》2008年第3期。

131. 孙立平:《法律剪刀差》, 载《经济观察报》2006年10月18日。

132. 木子:《试点改革: 西部司法官困局之解》, 载《民主与法制》2009年第12期。

133. 康宝奇等:《审判资源配置新视角: "外援型法官" 助理模式运行之检讨及型构》, 载《法律适用》2010年第11期。

134. 胡志斌:《合理配置基层法院法官资源的探讨》, 载《海南大学学报》(人文社会科学版) 2010年第4期。

135. 刘作翔:《法律职业共同体的范围、差异及其解决》, 载《人民法院报》2017年2月17日。

136. 谭世贵, 曾宇兴:《我国法律职业共同体建设的实践、问题与对策》, 载《海南大学学报》(人文社会科学版) 2020年第5期。

137. 王琦:《国外法官遴选制度的考察与借鉴》, 载《法学论坛》2010年第5期。

138. 杜金:《高级律师与英格兰法律职业共同体对建构中国法律职业共同体的启示》, 载《法治论坛》2018年第4期。

139. 孙万胜:《启迪与借鉴: 从法国司法制度看中国司法改革》, 载《法律适用》2013 年第 4 期。

140. 刘新魁、陈海光:《法国司法制度的特色与发展》, 载《法律适用》2004 年第 7 期。

141. 谭世贵、胡志斌:《高校法学教师与法官职业互通的研究》, 载《安徽农业大学学报》(社会科学版) 2011 年第 2 期。

142. 陈健群:《专题考察报告之一: 美国的法律制度和法律职业》, 载《法学家》2009 年第 1 期。

143. Kenneth M.Wells&Paul B.Weston, Criminal Procedure and Trial Practice, Prentice-Hall, Inc. Englewood Cliffs, N.J.

144. Thaman S.C., "Europe's New Jury Systems: The Case of Spain and Russia," Law & Contemporary Problems, Vol.62, No.2 (1999).

145. POSNER Richard A. An Economic Approach to Legal Procedure and Judicial Administration [J] .Journal of Legal Studies, 1973 (2).

146. D. Kommers, Judicial Politics in West Germany: A Study of the Federal Constitutional Court2016 (53).

后 记

大学毕业后有幸被组织分配到基层从事法律工作，苦战多年，先后攻读了硕士和博士学位，并转岗从事高等法学教学研究工作，涉足刑事诉讼领域 30 多年，使我对刑事诉讼理论和实践产生了浓厚的兴趣。在多年的教学科研中，我对刑事诉讼法的理念、理论和各项制度进行了零碎的思考，并刊发了一定数量的著述，但总感觉不成体系，而且水准一般。

在职业暮年，出于学术功利性的考虑，总想在告别教学科研生涯前，编著一部较成体系的刑事诉讼理念和制度的著作，经过反复思考，最终选定《刑事诉讼原理与制度研究》作为我研究刑事诉讼法的收官之作。本书由六章构成，包括刑事诉讼的基本理念、刑事诉讼基本原则若干问题研究、刑事诉讼基本制度研究、刑事诉讼程序制度若干问题研究、刑事诉讼制度与司法文化的良性互动和刑事诉讼相关司法制度的配套改革。

本书在写作的过程中广泛地参考了中外法学界优秀的法学成果，在此，对相关作者表示感谢。本书的选题、出版得到了中国法制出版社的大力支持。在此，特别感谢马春芳编辑！

由于才疏学浅，对于书稿中的不足，敬请同行专家批评指正。

胡志斌

2021 年 9 月 28 日

图书在版编目（CIP）数据

刑事诉讼理念与制度研究 / 胡志斌著. —北京：中国法制出版社，2021.12

ISBN 978-7-5216-2346-8

Ⅰ.①刑… Ⅱ.①胡… Ⅲ.①刑事诉讼法－研究－中国 Ⅳ.① D925.204

中国版本图书馆 CIP 数据核字（2021）第 259453 号

责任编辑：马春芳　　封面设计：李　宁

刑事诉讼理念与制度研究

XINGSHI SUSONG LINIAN YU ZHIDU YANJIU

著者 / 胡志斌

经销 / 新华书店

印刷 / 北京虎彩文化传播有限公司

开本 / 710 毫米 ×1000 毫米　16 开　　印张 / 15.25　字数 / 203 千

版次 / 2021 年 12 月第 1 版　　2021 年 12 月第 1 次印刷

中国法制出版社出版

书号 ISBN 978-7-5216-2346-8　　定价：66.00 元

北京市西城区西便门西里甲 16 号西便门办公区

邮政编码：100053　　传真：010-63141852

网址：http://www.zgfzs.com　　**编辑部电话：010-63141822**

市场营销部电话：010-63141612　　**印务部电话：010-63141606**

（如有印装质量问题，请与本社印务部联系。）